智慧父母成长课堂

学习是孩子自己的责任

孙传远 编著

清华大学出版社
北京

内容简介

本书阐述了学习的价值，学习的目标，学习的条件，学习的内容，学习的方法，学习的快乐，学习的困难、挫折、逆境，体现了孩子要为自己学习负责、自我完成生命的完整成长过程这一现实愿景。书中结合一些生动、鲜活的案例，以案例呈现、案例分析、教育建议的连贯形式，进行了较为完整地分析，读者会随作者一起思考、分析，并找到解决问题的可行对策。

图书在版编目(CIP)数据

学习是孩子自己的责任/孙传远编著. —北京：清华大学出版社，2021.10
(智慧父母成长课堂)
ISBN 978-7-302-59222-8

Ⅰ. ①学… Ⅱ. ①孙… Ⅲ. ①家庭教育 Ⅳ. ①G78

中国版本图书馆 CIP 数据核字(2021)第 188092 号

责任编辑：田在儒
封面设计：刘 键
责任校对：刘 静
责任印制：宋 林

出版发行：清华大学出版社
网 址：http://www.tup.com.cn，http://www.wqbook.com
地 址：北京清华大学学研大厦 A 座 **邮 编**：100084
社 总 机：010-62770175 **邮 购**：010-62786544
投稿与读者服务：010-62776969，c-service@tup.tsinghua.edu.cn
质量反馈：010-62772015，zhiliang@tup.tsinghua.edu.cn
印 装 者：小森印刷霸州有限公司
经 销：全国新华书店
开 本：148mm×210mm **印 张**：32.375 **字 数**：635 千字
版 次：2021 年 10 月第 1 版 **印 次**：2021 年 10 月第1 次印刷
定 价：198.00 元(全 5 册)

产品编号：088198-01

“智慧父母成长课堂”丛书
编委会名单

序

PREFACE

古往今来，纵观人类文明史可以发现一个永远不变的真谛：父母不仅是儿女的第一任教师，更是儿女的终身教师。家庭教育作为人生教育的第一课，是学校教育、社会教育的基础，也是一个人世界观、人生观、价值观形成的重要基础。它不管是在每个人一生的成长过程中，还是在社会风气和社会文明的形成发展中，都具有强本铸魂的奠基作用。因此可以说，家庭作为人接受教育的摇篮和接受教育的第一个场所，在人一生由浅入深的教育过程中，任何人所接受的最浅显、最基础的教育，都是通过家庭、特别是通过父母来完成的。如果没有家庭教育所传授的那些基本知识、学习本领、生活技能等作为基础，人是很难顺利接受学校教育和社会教育的。是故，家庭既是人的第一课堂，也是人的终身课堂。

世界已经进入终身学习的时代，而一个国家的终身教育平台是靠家庭教育、学校教育、社会教育三大支柱支撑的。时至今日，我国的学校教育、社会教育都有法律的规范、科学的指导、现代技术的支持，而家庭教育则处于初始状态，缺乏系统的科学指导，在某些方面忽视甚至抵触现代教育理念。

在此背景下，"智慧父母成长课堂"丛书应运而生。本丛书以教育部出台的规划精神为指导，遵循家庭教育常识和有关规律，面对现实问题，秉持人性论、生存论、人本主义等理论基础，观照家庭教育对象生命的独特性和完整性、生命体验以及生存状态，坚持以社会学为主导的多学科、综合视角，避免如教育学、心理学等单一学科思维，且兼具可读性、科学性和实用性。

本丛书具有以下三个亮点。

第一，全新的认识和理念。当下家庭教育中最需要接受教育的不是孩子，而是父母。当前中国的家庭教育现状不容乐观，最大原因是中国家庭传统的断裂与师承出了问题。大多数父母对孩子的教育都是继承而不是创新，认为只要按照从上一辈那里学来的经验来教育子女就大致不会出错，认识不到自己所获得的家庭教育经验在巨变下的今天已经无法参照。因此，处在摸索阶段的当代中国父母在家庭教育中出现的问题看似在孩子身上，根却在成人身上，家长的自身教育已经刻不容缓。

第二，科学的认知和建构。当下家庭教育中最需要纠偏的不是教育策略，而是教育理念。以耳提面命、时时关注、步步盯梢的方式，把孩子培养成学习好、听话、懂事的乖孩子成为当下家庭教育中最普遍、最偏颇的理念，很多家长都未曾懂得"教育的本质意味着一棵树摇动一棵树，一朵云推动一朵云，一个灵魂唤醒一个灵魂"。不懂得教育最好的目的是解放孩子，解放孩子的潜质、个性和与生俱来的智慧，帮助孩子找到自己。

第三，深刻的理解和引导。当下家庭教育中最缺失的不是

教育目标，而是健康的教育心理。当今中国家庭教育隐藏深远的问题是普遍焦虑——从孩子到父母到祖父母。根源在于父母秉承了传统教育中沉重悲观的思维方式，从而造成急功近利的普遍心态。同时，重养轻教、重物质轻精神、重说教轻氛围，以及传统观念中把孩子当私有财产的灰暗心态也比比皆是。于是，很多家长早已习惯于把自己和孩子的生命当作一场竞赛，从最初接受教育开始，父母都期望培养孩子能在未来具有竞争力——竞争名次靠前，竞争重点班级，竞争进入名校，竞争一份好工作，竞争出人头地。所以，人人似乎都是竞争对手。学习和生活也因此成为沉重之旅，痛苦之旅，斗争之旅。因此，如何培育健康的家庭教育心理已成当务之急：把生命看作一段旅程，把它当作永恒的学习之旅，持久的进步之旅，以及爱之旅，和他人彼此尊重，各自享受属于自己的人生之旅。

本丛书以当下家长教育孩子的现状、存在问题、实践行动为立足点，以智慧家长智慧爱为目标，分别以“给孩子正确的爱”“学习是孩子自己的责任”“注重培养孩子健全的人格”“让孩子学会独立人际交往”“孩子的行为矫正与塑造”为题，帮助家长学会正确爱孩子，学会让孩子主动且高质量地学习，学会在日常中培养孩子健全的人格，学会让孩子独立地进行人际交往，学会及时对孩子的行为进行矫正与塑造，从而给迷惘而焦虑的家长指点迷津，成为特别有爱的智慧家长。

《给孩子正确的爱——如何避开亲子之爱的六大误区》是杨敏教授关于家庭、关于孩子、关于爱与人生的又一鼎力之作。在书中，杨教授通过深入解读当下一系列亲子之爱的真实案

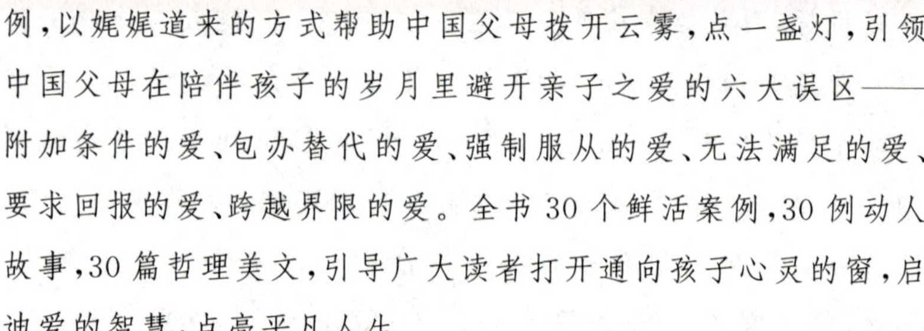

例，以娓娓道来的方式帮助中国父母拨开云雾，点一盏灯，引领中国父母在陪伴孩子的岁月里避开亲子之爱的六大误区——附加条件的爱、包办替代的爱、强制服从的爱、无法满足的爱、要求回报的爱、跨越界限的爱。全书30个鲜活案例，30例动人故事，30篇哲理美文，引导广大读者打开通向孩子心灵的窗，启迪爱的智慧，点亮平凡人生。

《学习是孩子自己的责任》是孙传远教授撰写的第三部家庭教育著作。在书中，孙教授从家长与孩子交往的角度入手，以书信、故事、案例分析等生动有趣的方式，从七个方面引导家长思考和行动——人为什么要学习？要把孩子培养成为什么样的人？学习需要什么样的条件？学习仅仅是掌握知识吗？用什么方法能使学习更有效？能让孩子的学习变得更快乐吗？如何教会孩子面对学习困难与挫折？带领家长和孩子一起深刻认识和领悟：学习是孩子自己的责任！同时也向读者传递家庭教育一个美好的理念："我们需要被看见，而那得是带着理解、爱和接纳的眼睛，并且看见的也是我们自身，而不是对方的想象。"

《注重培养孩子健全的人格》由心理学副教授刘玉梅和家庭教育指导师孙少华合作完成。本书以国内外的心理学研究成果为基础，探究孩子健全人格的培养路径。全书分为三篇。第一篇"破译孩子心灵成长的密码"，以埃里克森人格发展理论为基础，厘清孩子在不同年龄阶段的人格发展特点，提醒父母顺应孩子身心发展的规律与节奏，选择适合孩子的教育方式。第二篇"探寻孩子行为背后的真相"，重点分析影响孩子人格形成与发展的各种因素，给父母的亲子教育以理性引导。第三篇“领悟开启孩子幸福人生的教育智慧”，从儿童心理学和教育心理学视角阐述培养孩子健全人格的方法，助推父母以自己全部的爱心、学识、良知、勇气去感染孩子，唤起孩子对未来生活的无限憧憬和乐观期待。作者遵循“读者中心”与“读者友好”的理念，集科学性、知识性、指导性和实用性为一体，既有生动真实的案例介绍，又有深入浅出的理论分析，表述风格兼顾通俗性与严谨性，可以让广大父母朋友们在轻松的阅读中受到启发，孩子和家庭也能受益。

《让孩子学会独立人际交往》是董丽敏副教授出版的第二部家庭教育著作。全书的写作宗旨是引导父母重视孩子的交往能力，帮助父母了解孩子在人际交往中可能出现的共性问题，协助父母更有效地指导孩子学会独立的人际交往，让每个孩子和家人、老师、同伴的关系都成为人生中最美的遇见。具体内容分三部分：和孩子一起成长——亲子交往篇，相逢是首歌——同伴交往篇，人生不能无师——师生交往篇。每篇都包括名人名言、引入、案例、案例反思、策略与建议、人生哲学六个框架。通过鲜活的日常生活案例，以通俗易懂的语言，带领家长探讨孩子成长过程中可能会遇到的种种交往问题，并提出策略与建议。

《孩子的行为矫正与塑造》由副研究员李学书完成。作者选取当下生活中的一些典型案例，在细致剖析和入微解读的基础上，以孩子行为发展为主线，以孩子成长过程中常见的诸多问题为核心，从家长教育、认知能力、情感培养、学习行为、励志

行为、交往行为等六个部分娓娓道来，帮助家长科学关注孩子的身心健康，解决家长在孩子教育过程中所遇到的疑难和困惑，促进孩子全面发展。全书45个鲜活案例，22节理性妙文，带领家长一起思考和探索孩子行为矫正和塑造的一系列问题，也对家长如何从自身做起，不断提升和完善自己提供切实可行的行动策略。

苏联教育家苏霍姆林斯基曾说过：“父母的爱应当是这样的：它能激起孩子对周围世界，对人所创造的一切的关心，激起他为别人服务的热情。”同时，他也曾留下过这样一句动人心扉的话：“在每个孩子心中最隐秘的一角，都有一根独特的琴弦，拨动它就会发出特有的音响，要使孩子的心同我讲的话发生共鸣，我自身就需要同孩子的心弦对准音调。”相信通过这套书的阅读，能让每一位家长都在自我提升的基础上引领孩子奏响明媚的生命之歌！

“智慧父母成长课堂”丛书编委会主任　王伯军

前言
FOREWORD

“生命，是一树花开，或安静或热烈，或寂寞或璀璨。日子，在岁月的年轮中渐次厚重，那些天真的、跃动的抑或沉思的灵魂，在繁华与喧嚣中，被刻上深深浅浅、或浓或淡的印痕。”

——余秋雨《生命，是一树花开》

人的生命成长，犹如花开一样美丽而特别。桃花、杏花、梨花、牡丹花、百合花、栀子花、牵牛花、水仙花、茉莉花，每一种花，每一朵花都是不同的，都是美丽的，你说不出哪种花更好看，哪种花更值得我们喜欢，因为它们一样美丽，而且每一种花都无法取代另一种花。儿童的学习，就是一种生命成长的过程，也如同各种花开一样芬芳美丽。

中国著名文化学者余秋雨在《生命，是一树花开》一文中写的这段话似乎在提醒我们：每个家庭中正在学习和成长的孩子就是一个个鲜活的生命，而他们的生命犹如一树树花开一样烂漫多姿、潋滟多彩。每个孩子的生命之花的开放需要父母的呵护，但更需要孩子自己潜滋漫长，并为此承担起责任来。

青少年儿童生命的存在与发展需要个体生命健康、心理健康、智力健全……这其中的每一个方面都不可缺少，每一个方面也不可忽视，只有个体完整的、健全的、个性化地存在与发展，才会有生命这一树花开，也才会有每个人的幸福和每个家庭的幸福。这需要孩子自己承担起学习的责任，并通过学习获得发展，也需要学校、家庭与社会的共同参与。

在现今中国社会，孩子的学习成了每个家庭的第一要务，一切以孩子的学习为中心。很多家长不仅照顾孩子的饮食起居，而且常年接送孩子，在家庭与学校之间穿梭，帮孩子背书包，买食物，有的家长甚至为此而放弃工作做“专职保姆”，家长成了孩子学习的“陪读者”“合作者”，甚至“责任人”。众多家长往往在陪伴孩子学习的过程中包办代替，也使孩子在自己的学习过程中失去了主动性和主体性。

因此，当务之急是要明确和强化“学习是孩子自己的责任”，努力培养孩子的学习责任感。这不仅有利于帮助孩子养成良好的学习习惯，树立坚定的学习自信，增强孩子的学习能力，还能减轻家长的负担，提高家长的家庭教育能力，从而更好地培养孩子的社会责任感。

然而，大多数中国家长在“望子成龙，望女成凤”的传统观念驱使下，对孩子的学习成绩寄予过高的期望，评价孩子的进步和发展有“唯成绩论”或“唯分数论”的倾向，忽略了孩子的兴趣爱好和健全发展。也有许多家长片面发展孩子的兴趣特长，甚至不顾孩子的喜好，强迫孩子学这学那，造成孩子从小对所谓的兴趣特长产生抵触情绪，荒废了孩子发展真正兴趣特长的机会，影响了孩子的正常发育和发展。正如旅美教育家黄全愈先生所言，父母希望孩子成才，这没有错。问题是父母的“望子成龙”的“龙”并不是为“子”量体裁衣设计的，而是父母根据社会的价值取向和价值判断，盲目地事先为孩子设计的“龙”。至于“子”的兴趣、能力、爱好一概不考虑[①]。

本书主要从家长与孩子交往的角度，采用写书信（通信）、讲故事、典型案例分析等方式，从学习价值、学习条件、学习内容、学习方法、学习快乐、学习目标、学习困难与挫折等不同角度，让家长和孩子去认识、领悟“学习是孩子自己的责任”这一主题思想。相信这本书将给学习中的孩子和教育孩子的家长带来有价值的思考和行动。

目前，中国学校中的“家长学校”为数不少，但大多数家长和老师在这里讨论最多的甚至是唯一的内容，还是孩子的学习成绩。我们相信，如果中国的学校和家长能转变一下教育孩子的观念并付诸行动，那就能真正实现从“应试教育”向“素质教育”的转变。

我们可以想象，孩子的学习就如同一棵会开花的生命之树：

学习，让生命之花含苞待放；

学习，让兴趣之花常开不败；

---

① 黄全愈.走出家庭教育的误区[M].武汉：长江出版传媒，长江文艺出版社，2017：58.

学习，让记忆之花历久弥新；

学习，让个性之花争奇斗艳；

学习，让品格之花万紫千红；

学习，让自律之花四季飘香；

……

孙传远

相关资料

目录

CONTENTS

一、人为什么要学习?

美国作家、教育家约翰·霍尔特(1923—1985)认为,小孩子天生会学习,他们从一出生就开始搜集信息、认识世界了。他在《学习像呼吸一样自然》[①]一书中指出,学习不是教育的结果,而是一种"自然得如同呼吸"一样的持续而普遍的人类活动。他倡导顺应儿童天性的教育方法,毕生致力于关注和分析儿童的自然学习行为。可见,学习对于每个人来说都是须臾不可缺少的。

不知从何时起,中国大多数家长开始秉承"不能让孩子输在起跑线上"的教育理念,让孩子过早地学习了这个年龄阶段本不应该学习的东西,导致很多孩子和家长都身心疲惫,劳民伤财。很多情况下,学习成了孩子的负担,也成了家长的心病。每每谈到学习,孩子、家长、老师都苦不堪言。

今天,孩子的学习到底出了什么问题?这里,我们想先与各位家长探讨以下几个问题:什么是学习?谁是学习的主人?

---

① 约翰·霍尔特.学习像呼吸一样自然[M].李颂,译.北京:电子工业出版社,2005.

人为什么要学习？学习有何价值？期望能够在孩子学习上与您产生共鸣。

1. 游戏也是学习吗？

“文明是在游戏中成长的，是在游戏中展开的，文明就是游戏。”

——约翰·赫伊津哈（《游戏中的人》）

从广义上说，学习是人在生活过程中，通过获得经验而产生的行为或该行为潜能的相对持久的行为方式。从狭义上说，学习是指通过阅读、听讲、研究、观察、实践等手段获得知识或技能的过程，是一种使个体可以得到持续变化（知识和技能，方法与过程，情感与价值的改善和升华）的行为方式。

《中国大百科全书（简明）》对学习的解释是狭义上的，即认

为，学习是获取知识和掌握技能的过程。当然，学习知识，既包括通过正规的教育和训练获得知识技能，也包括在日常生活和实践活动中积累知识经验。

青少年儿童要学习的内容十分广泛，他们既要学习保全自己（生命），促进身体健康发展，又要学会保持心理健康，还要学习促进智力健全发展。这些知识和能力都需要他们通过学习来获得，他们既要通过正规教育获得间接经验，又要通过日常生活实践获得直接经验。

当今世界，学习的含义不断扩大，不仅仅局限于学校里、课堂上、书本知识的学习，也不局限于正式场合的正规学习。学习广泛地存在于人们的生活、工作中，学习、工作、生活“三位一体”的时代已经来临。

终身学习时代，学习更不局限于青少年儿童阶段的学习，它贯穿于人的一生。

案例

游戏中的孩子①

今天用鞋盒来玩游戏。辰辰开心地一会儿把盒子顶在头顶上保持平衡玩；一会儿又把盒子放在双手之间转着玩，转着转着，又把盒子抛向了空中，双手去接盒子玩；一会儿又把盒子夹在两腿之间跳着玩；一会儿又把盒子放在地上

① 薛玲．幼儿园学习故事案例：碰碰车[EB/OL]．http://www.jy135.com/jiaoyu/215733.html．2017-12-05．

推着玩,边玩边说:“嘟嘟,碰!”他发出一连串的笑声……

我蹲下身好奇地问:“你在玩什么呀?”辰辰告诉我:“我在玩碰碰车呀!”说完又推着玩去了。“碰!”碰到了同伴的盒子,“我在玩碰碰车!”辰辰仰着头笑着对同伴说。然后他们两人分开有一米左右的距离,轻轻地撞过去,两人同时发出“碰!”的声音后快速分开,脸上洋溢着开心的笑容。这一次他们的距离又远了些,增加了速度,让盒子撞在一起,“碰!”“哈哈哈……”两人同时开怀大笑起来。接着,两人什么话都没说,又推着各自的盒子往反方向走,转过来时又开始快速地推着盒子往前撞,“嘟嘟,嘟嘟,碰!”两个盒子又有力地撞在一起了,由于速度快,辰辰的身体有些向前倾斜,眼看就要撞到同伴了,突然辰辰身体向后退,立刻控制住了身体。

碰撞声和笑声一下子吸引了很多孩子,又有两个孩子加入游戏中,这次分为东南西北四个方向,四个孩子推着盒子退到活动室的最大限度,再一起快速向前推,直到四个盒子撞在一起,撞在一起的一瞬间,发出了“碰!”的声音和哈哈大笑声。

更多的孩子看见这么好玩,就几个一组地都玩起了碰碰车的游戏。分开、退后、撞击,直到我提醒大家收拾整理盒子回教室,其他的孩子陆续放好了盒子,辰辰仍然兴致勃勃地推着盒子撞击墙面,发出“碰!”的声音。

分析

幼儿是通过游戏学习的。他们主要是在自主游戏活动中体验生活和乐趣的。在玩盒子的游戏中，辰辰拿到盒子后先是探索各种各样的玩法：顶在头上玩、两只手转着玩、抛着玩、夹在腿上跳等，最后把盒子放在地上推，想象着自己在玩碰碰车一样，顿时就来了学习兴趣。听着刺激的碰撞声，和着哈哈大笑声，玩得非常开心。

幼儿游戏往往需要同伴的参与和合作，这样更增加了游戏的趣味性。辰辰口中不断发出声音，不仅增加了游戏性，还吸引了其他孩子自主参与，自然而然地一起开心玩游戏。

幼儿在合作游戏中既学会了探索学习，又锻炼了身体运动能力和平衡感。在合作游戏过程中，辰辰和小伙伴先是轻轻地撞击，发现速度慢撞击力度小，控制身体的力度容易把握；第二次撞击时，加长了距离，加快了速度，碰撞更具挑战性；第三次撞击，不仅加长距离更加快了速度，在撞击的时候更有力量了；在第四次、第五次……在一次次愉快、积极的游戏活动中，孩子们学会了加速向前、灵巧转弯、用力撞击以及控制身体平衡等协调动作。

幼儿在游戏中学习投入培养了专注、坚持的学习品质。游戏中，辰辰一直发出"哈哈哈"的笑声，玩得最开心。当收盒子的声音发出后，辰辰仍然沉浸在碰碰车的游戏中，说明辰辰意犹未尽，专注于游戏和学习中。

约翰·霍尔特在他的《学习像呼吸一样自然》一书中阐述了他对"学习的本质"的基本观点："学习，就是想弄明白""生

活就是学习”“学习者创造学习”。这告诉了我们几个基本的道理：学习需要不断的探索精神、学习需要终身持续不断、学习是学习者自己的事情；学习是主动的，学习者是自己学习的主人。

霍尔特说，多年来，我注意到学得快的孩子就是充满冒险精神的。他愿意冒险。他张开双臂迎接生活。他愿意接受所有的东西。他仍旧保留着小孩子探索世界的好奇心。他不在乎显露出对事物的无知。他不惧怕失望和失败。他有某种信心。他希望迟早把事情弄明白。他具有对事物的信任感。[①]

成功的学生富于想象力，而且有耐心。他会用某种办法试着解决问题，如果没有成功，没关系，他换另一种办法，如果还不行，就再换一种。但是不成功的学生既没有想象力去设想各种办法，也没有耐心坚持到底。[②]

建议

在儿童游戏活动中，成人（家长和教师）应更多地激发幼儿探索的欲望，增强幼儿自主游戏活动的能力以及游戏的趣味性。

成人要保护幼儿的童趣心理，鼓舞幼儿进行游戏的信心。例如，可以在游戏结束后，让辰辰介绍自己的想法和玩法，并加以肯定，保护对玩游戏的信心。

①② 约翰·霍尔特.学习像呼吸一样自然[M].李颂，译.北京：电子工业出版社，2005：167-168.

成人要让幼儿在游戏活动中学会保护自己不受伤害。家长和教师应根据幼儿年龄阶段的特点与差异，组织幼儿开展不同类型、不同层次的游戏活动，以促进幼儿循序渐进地发展。

成人应设法给幼儿提供更多的游戏材料，如香皂盒、牙膏盒、牛奶盒、喜糖盒等放在益智区和建构区，供幼儿自主游戏、自主探索。

幼儿的学习方式是千差万别的，不同的学习方式会产生不同的学习效果。美国著名学习专家爱德加·戴尔于 1946 年提出的“学习金字塔”理论告诉我们，学习的方式有阅读、听讲、讨论、参观、告知、动手操作等多种，而且学习效果呈现一个金字塔形状，处于金字塔底端的学习效果最好，即通过活动或操作去完成学习效果最好。

规律

游戏是幼儿基于活动本身乐趣的自觉自愿的活动[①]。因此，成人应给予幼儿充裕的游戏时间，积极引导幼儿开展丰富多彩的游戏活动，保护幼儿天真的童趣，激发他们积极探究的意识。

幼儿主要是在游戏中学习的，他们需要适量的打斗、翻跟斗、奔跑、嬉闹等各种运动来保持健康。但很多父母并未意识到游戏的魅力和价值，他们往往认为幼儿游戏是在浪费学习时

① 李敏. 游戏与学习——以游戏提升学生的生活质量[M]. 北京：教育科学出版社，2010：4.

间，会荒废应该完成的学业。

幼儿的大部分生活时间都是在游戏中度过的。游戏可以促进幼儿身体、认知、情感、社会性等多方面的发展。不同的游戏会促进幼儿不同方面的发展，但游戏活动往往是综合性地促进幼儿的整体发展。

对于幼儿来说，生活即游戏，游戏即学习。幼儿游戏需要成人的精心设计和指导，更需要成人的参与。成人适宜的引导、参与幼儿游戏能促使幼儿更好地学习和进步。

2. 孩子知道自己才是学习的主人吗？

“学生是有血有肉的人，教育的目的是为了激发和引导他们的自我发展之路。”①

——怀特海（《教育的目的》）

根据美国心理学家马斯洛、罗杰斯等倡导的人本主义理论，人类有一种天生的“自我实现”的动机，即一个人发展、扩充和成熟的内趋力，它是一个人最大限度地实现自身各种潜能的趋向。

学习，是个人成就自我最根本的实现方式。因此，孩子自己就是学习的主宰者，他们就是学习的主人。

---

① 怀特海. 教育的目的[M]. 庄莲平，王立中，译注. 上海：文汇出版社，2012：142.

案例一

你见过这样的“集体智慧”吗

丁丁正在写作业，突然眉头一皱，侧着头大喊：“这道题怎么做啊？”爷爷、奶奶、爸爸、妈妈闻声立刻蜂拥而至，运用“集体智慧”帮助丁丁解决了那个问题。过了一会儿，丁丁又大叫着：“快来啊，你们看看我计算得对不对啊？”于是，全家人又蜂拥而上。渐渐地，丁丁不再担心作业有难度，反而养成了依赖性。在丁丁看来，学习不只是自己的事情，更是全家人的事情，无论作业有多难，总会有家人来帮助。

分析

当今社会，几乎每个孩子都处于家庭的中心。案例中的丁丁就是家中的小皇帝，平日里，全家人都围着他转。在学习上，孩子一遇到难题，家长便上阵解围。这无形中导致孩子失去了自己解决学习问题、考虑学习难题的能力。

在大多有幼小孩子的家庭中，学习责任往往被转嫁了——家长成了学习的主人，孩子成了学习的傀儡。案例中，学习好像不仅是丁丁的事，更是全家的事。长此以往，孩子缺乏自主学习的能力，直接影响成绩的提高和自信心的形成，严重的还可能引起厌学情绪。家长应该从自身找原因，不可忽视这一问题的严重性。

马斯洛认为人类行为的心理驱力不是性本能，而是人的需要，他将其分为两大类（缺失需要和生长需要）、七个层次，好像一座金字塔，由下而上依次是生理的需要、安全的需要、归属与爱的需要、尊重的需要、认识的需要、审美的需要、自我实现的需要。人在满足高一层次的需要之前，必须先部分满足低一层次的需要。

第一类需要属于缺失需要，为人与动物所共有，一旦得到满足，紧张消除，兴奋降低，便失去动机；第二类需要属于生长需要，为人类所特有，是一种超越了生存满足之后，发自内心地渴求发展和实现自身潜能的需要。只有满足这种需要个体才能进入心理的自由状态，体现人的本质和价值，产生深刻的幸福感，马斯洛称其为“顶峰体验”。

人类共有真、善、美、正义、欢乐等内在本性，具有共同的价值观和道德标准。达到人的自我实现关键在于改善人的“自知”或自我意识，使人认识到自我的内在潜能或价值。人本主义心理学就是促进人的自我实现。

罗杰斯的自我论和马斯洛的自我实现论在基本观点上是一致的，即认为人有追求自我价值实现的共同趋向，但罗杰斯更强调人的自我指导能力。按照罗杰斯的观点，人类具有求生、发展和增强自身天赋的需要。自我实现就是发展自己独特的心理性格，发挥自己的心理潜能和完善自己的过程。罗杰斯认为，实现的趋向是存在于每个人生命中的驱动力量，它使个体成就更具差异性、更独特、更有社会责任。

在罗杰斯看来，自我的发展，以及是否能形成健康的自我，取决于儿童在婴儿期所获得的抚爱。在自我形成和发展中，儿童需要爱的哺育。罗杰斯把这种需要称作“积极性尊重”。他指出，每个人都具有积极尊重的需要，每个婴儿都被驱使着去寻找积极尊重需要的满足。儿童能否养成一种健康的人格，完全取决于这种积极尊重的需要是否能得到充分满足。

因此，人的学习，需要激发、鼓励和帮助，更需要个人自律、自觉、主动。一旦个人的学习积极性得到激发，潜能得到发挥，将会产生极大的学习动机和内驱力。可见，每个人都是学习的主人，每个人也都能成为他自己学习的主人。一旦自己成为自己学习的主人，学习将激发人的向上热情，使之不断进取和攀登。

案例二

让家长告别检查作业[1]

2017年9月刚开学，浙江金华金东区实验小学就公布了一份《让家长告别检查作业》的公约。这一公约包括教师和学生两份，其中，《让家长告别检查作业——实验小学学生公约之作业篇》的内容如下。

“我们遵守此公约的前提，有这样的共识：

认真完成作业，

是每一位同学的基本职责！

① 王健. 让家长告别检查作业——金东区实验小学发布教师学生公约. http://www. xinhuanet. com//comments/2017-09/19/c _ 1121685502. htm. 2017-09-19.

我们想改变这样的作业场景：

妈妈在身边唠叨不停，

爸爸在桌旁眉头紧锁，

剩下我一人无事可做。

我的作业何时成了父母的作业？

草有草的绿意，花有花的使命，

我再小，也要有自己的责任，

我完成我的作业，

就如同父母完成他们的工作，

我们需要各尽其责。

妈妈请放心，错题让我自己找，

爸爸请放手，难题让我再想想，

偶尔贪玩，偶尔犯错，

请你们像明灯一样为我指路就行。

从今天起，给我一方书桌，给我一份安静，我会成为作业的主人，让父母眉头舒展，自在悠闲。今天的请求放手，是为了明日真正的独立！”

分析

现在许多家长成了孩子的“全陪”——陪吃饭，陪睡觉，陪上学，陪放学，陪作业，陪玩耍……这些现象说明家长比较重视孩子的学习，但是过犹不及，效果其实并不好。

这种“隐形陪读”的背后，是父母对孩子的过度保护，是父

母以爱的名义对孩子深深地不信任，是对竞争环境下唯恐孩子落后地恐惧。被陪读的孩子，表面上事无巨细地被父母照顾得非常周到，实则缺少了独立生活、学习的锻炼机会，无形中养成了依赖的习惯。

浙江金华金东区实验小学的做法，就是要科学引导学生自己对学习负责，养成独立自主的学习习惯和生活能力。学校提倡学生独立完成作业，倡导家长不参与作业检查，要让教师和家长都明白：家庭作业不是“家长作业”！但同时，家长也不可完全推脱责任，“撂挑子”、做“甩手掌柜”，而应持续坚持关心孩子的自主学习和健康生活。

所以，叫停“家长作业”的目的，不仅是减轻家长们的负担，也是促使学生独立完成作业，对于浙江金华金东区实验小学的举措，自然应该给予掌声和鼓励。除了取消家长签字之外，更加完整、更加合理的家校合作过程，将成为一种全新的教育模式。

案例三

为什么唾沫是臭的

一次，浩浩神秘地对妈妈说：“妈妈，我告诉你一个大发现。”

妈妈故作惊奇地看着儿子说：“妈妈很想马上知道。”

浩浩让妈妈蹲下身来，在妈妈耳边说：“妈妈，你知道唾沫是什么味儿吗？”

"不知道。"妈妈答。

"唾沫是臭的!"浩浩说。

"那你是怎么知道的?是有人告诉你吗?"妈妈问。

"没有人告诉我,我和小朋友玩积木,唾沫流出来了,我用手心一摸,然后一闻,哎呀,真臭!"说着,浩浩还做了个示范。

浩浩妈妈学着儿子的样儿,把唾沫舔在手心,一闻,果然很臭,忙说:"儿子,这真是你的一个重大发现!唾沫在妈妈嘴里待了这么多年,妈妈都没有想过,还是儿子小小的年纪就发现了。"

分析

浩浩依靠自己的实践和思考有了一个"大发现",而且急于告诉妈妈,并仔细叙述和形象表达了自己发现的过程和结果。他的惊喜之情不亚于哥伦布的"地理大发现"。

妈妈非常尊重儿子浩浩的想法,没有抑制孩子的探索活动,而是给孩子表述的机会,积极引导孩子大胆实践,允许孩子创造性地尝试,对孩子的发现给予及时表扬,有效地激发了孩子的实践能力和探索精神。

建议

父母要用心创造一种学习气氛,让孩子主动探究学习,而不是让他们每天放学回到家就听从安排，什么时候做作业，什么时候玩儿，形成一种绝对支配和被支配的气氛，这对孩子学习是不利的。

父母是孩子的榜样，父母如果能积极地学习新知识、新技能，也能很好地鼓励自己的孩子。相信父母做好了，孩子也能做好。

让孩子感受思考的乐趣，不要拘泥于标准答案。在日常生活或游戏中，孩子遇到问题时，爸爸妈妈要耐心，不要马上帮孩子解决问题，而应该鼓励孩子自己去思考，让孩子体验探究的乐趣。如果孩子实在想不出来，可以给孩子一点提示，然后鼓励孩子多方面尝试。孩子自己想出办法，会有一种成就感，这会让孩子终身受益。

父母要尊重孩子的想法，重视孩子的提问。虽然孩子的提问有时是天真的、幼稚的甚至是可笑的。聪明的父母会在这些看似幼稚的想法里，引导孩子发现有趣的现象，使他们感受到独立思考的乐趣。

父母要在孩子的不同年龄段给予不同方式的陪伴和关注。父母陪孩子做作业，其实目的是培养孩子形成良好的学习习惯，一旦孩子形成了好的学习习惯，就要慢慢放手，让孩子形成自觉高效的学习习惯。然而，许多父母的陪伴不仅没有让孩子形成良好的习惯，还无意中让孩子做出了厌学、依赖等不良行为。

陪伴孩子做作业的时候，主要目的是为孩子营造良好的学习环境和氛围，与孩子共同分享学习成果，提高孩子的兴趣，帮助和引导孩子正确地思考和解决问题，而不是代替孩子思考和做作业。

与家庭教育一样，学校也应尊重孩子的身心发展规律，分段逐步进行作业独立的改革，低段陪伴；中段逐步放手；高段尊重孩子的独立性。

规律

生活中依赖性太强的孩子，在学习方面也必定缺乏自主性，学习成绩不理想。这些孩子常常对学习缺乏兴趣，反感学习，总是想方设法地逃避学习。在课堂上，他们不认真听讲，平时厌倦做作业，简直把学习当作累赘。

面对成年人司空见惯的事情，孩子却充满了好奇心，常常会提出父母没想到或者回答不了的问题，这正是孩子好奇心的表现。父母如果扼杀了孩子的好奇心，就等于扼杀了孩子的独立思考能力。

孩子天生具有探索精神。随着年龄的增长，孩子会产生摆脱各种束缚和依赖的独立倾向，他们会越来越喜欢探索活动，努力在生活中寻找问题的答案，这是儿童心理发展的正常现象。

良好的学习习惯是从给孩子立规矩开始的。父母应和孩子一起立规矩，逐步养成良好的学习习惯，最终让孩子觉得学习是自己的事情，自己才是学习的主人。

3. 孩子为什么不爱学习了?

"责任,就是对自己要求去做的事情有一种爱。"——歌德

孩子,你为什么要学习?①

参天之木,起于毫末②

孩子,你了解一棵大树的成长过程吗?

参天之木,起于毫末。最初,大树由一颗种子开始,种子在土壤中要忍受黑暗、潮湿、挤迫,破壳出土之后,可能等待它的还有冰雹和虫咬,以及大型动物的践踏。这弱小的生命,几

①② 谭红星. 孩子,你为什么要学习?[EB/OL]. https://mp.weixin.qq.com/s?__biz=MjM5NzM1MDgyMw==&mid=2649964559&idx=2&sn=4101d108a58bdf180aa3a3934b917e14&chksm=bedcbcc789ab35d1ebd557853a88b70b3c87b21f08033f7a14d8b1c47a915bd996bc5d266daa&scene=21#wechat_redirect.

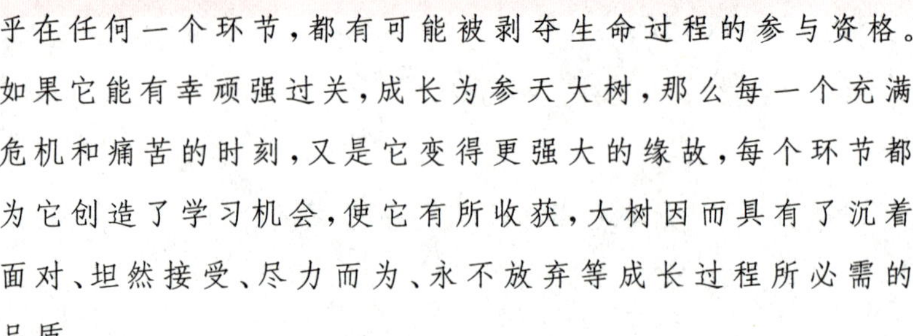

乎在任何一个环节，都有可能被剥夺生命过程的参与资格。如果它能有幸顽强过关，成长为参天大树，那么每一个充满危机和痛苦的时刻，又是它变得更强大的缘故，每个环节都为它创造了学习机会，使它有所收获，大树因而具有了沉着面对、坦然接受、尽力而为、永不放弃等成长过程所必需的品质。

孩子，虽然你有师长的教导和爱护，但你的成长之路同样不是平坦之途。

孩子，成长不仅仅需要衣食住行，还要拥有破除愚执的智慧以及解决问题的能力。

孩子，成长不仅仅是身体的发育，生命过程也不只是时间的累积，还要理解和认识这个世界以及你自己。

……

上面这段话写得真好！它告诉我们：每个人的学习都有多重目的，但归根到底是为了促进自身的发展，是为了使生活变得更有意义。从每个人自身考虑，学习更是一种责任。

关于责任，梁启超有句话说得好：“人生于天地之间，各有责任。知责任者，大丈夫之始也；行责任者，大丈夫之终也；自放弃其责任，则是自放弃其所以为人之具也。”的确，做人最起码的标准之一就是要承担责任。这个社会最需要的是具有强烈责任感的人，每个人不仅要对自己负责任，也要对他人负责任。

案例一

孩子一玩起来就忘记时间①

强强从小就是一个活泼开朗的小男孩，也比较贪玩。眼看着马上就要升四年级了，强强在学习上依旧和以前一样，一点儿也不重视。一旦和小伙伴玩起来更是不知道学习了。比如昨天下午放学后，妈妈本来想让儿子写完作业再出去玩的，但是禁不住强强的软磨硬泡，只好答应让他先出去玩一会儿，但是要求他半个小时后必须回家写作业。强强也高兴地答应了。转眼半个小时过去了，妈妈连强强的影子都没看到，下楼去找也找不到。一直到天黑该吃晚饭了，强强才回到家里。妈妈提起写作业的事情，强强这才记起来，一拍自己的脑袋装作很懊悔的样子说："哎呀，瞧我这记性，一玩起来就忘记时间了！"

对此，强强的妈妈也很无奈，儿子的学习责任心太差了，只要让他玩，他肯定会忘记时间和学习的。

分析

爱学习，应是每个孩子的"天职"。强强之所以还没有对学习产生"爱"，以及较强的责任心，主要是因为父母没有让他从小养成对自己学习负责的精神或责任感。

一般来说，孩子上了三四年级之后，就已经认识到学习是

---

① http://mp.weixin.qq.com/s/PBiDDhdmjg6EynG7Uwiucg.

自己的一项“工作”，也懂得每天必须去上学，在学校要听老师的话，回到家里要认真地写作业……总之，学习对于他们来说，是一项必须做的事情，也是其成长和认知发展的必然规律。

虽然在学习方面有了一定的认识，但是与高年级的孩子相比，他们在思想上并不是特别成熟，对待学习的责任心还不是特别强，比如会因为贪玩而忘记写作业，或者一玩起来就忘记时间等。孩子这种对待学习不是特别负责的情况，与孩子爱玩的天性是分不开的，但同时，父母也是负有一定责任的，即在平时没有注意培养孩子对学习的责任心。

强强是一个活泼开朗但又贪玩的孩子，马上就要读四年级了，学习还是没有自觉性。对他来说，玩是第一位，学习是第二位，玩耍对他的吸引力最大，这也符合儿童的天性。但是他一旦玩起来就会忘记时间，把学习（写作业）完全抛到脑后了。说到底，他还没有学习责任心。

另外，强强的父母也没有尽到责任，没有培养起强强的学习自觉性和责任心。说到底，学习责任心就是一种对学习的责任，同时，责任心也是一种爱，一种对学习的爱。如果强强爱学习，他自然就有了责任心。

案例二

学习是孩子自己的事情

我有个阿姨，做了一辈子的语文老师。退休之后，很多人慕名而来，请她辅导孩子。有人托了几种不同的关系，再

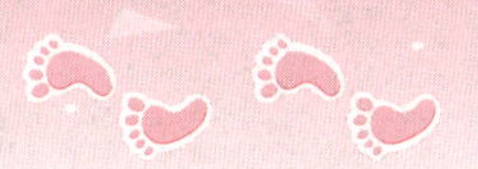

三再四地来找，阿姨推托不了，然后说："那我们试一次。带个最近考试的卷子，来分析一下。"

约定好的时间，一位父亲带着孩子过来，态度倒是谦恭，寒暄半天。开始上课，阿姨说："卷子请拿出来。"

小姑娘开始翻书包，翻来翻去，耸耸肩说："忘拿了，在座位洞里。"这时候小姑娘才想起来，原来明天要交的作业，也是要改这张卷子。回头说："爸爸，我坐在教室第二排，靠窗的位置，你去给我拿回来！"

爸爸马上站起来，抬脚就走，走了一步想起来问："明天还要交什么作业？快查查，我一起给你拿回来。"

这时阿姨说话了："同学，你收好东西和你爸一起走吧。今天的课不上了。"

小姑娘非常惊讶，估计从来没有人跟她这么说过话。嘴一噘，头一扭，分明就是生气了。小姑娘的爸爸赶快赔着笑说："老师，学校不远，开车半小时就能回来。我们一定下不为例。"

教了45年小学的阿姨说："学习，尤其是基础教育，最重要的不是聪明，也不是努力，而是学生要知道，学习是自己的责任，不可推卸。看样子，她在家里，从来没有担当过自己的过失吧？没有责任感，不懂得担当的孩子，找谁教也是教不来的。"

分析

案例中，语文老师发难，并不是因为孩子忘了带卷子，更不是想刁难那个小学生。谁没有“忘了”的时候？可是“忘了”总是一个疏忽，是一个造成了既定困扰的错误。无论有心还是无意，既然错了，至少要有一个自我检讨的态度。但那个小姑娘一脸无辜，似乎“忘记”不是她的错，而且理直气壮地“命令”爸爸去学校帮她取来。

更让人不能忍受的是，这位爸爸对女儿毫无怨言，没有让女儿认识到忘记带试卷是她自己的错误。更重要的是，没有让孩子知道学习是她自己的责任，却代替女儿连连向老师道歉。

很显然，小姑娘并没有意识到这一点，这位爸爸也没有起到让孩子主动承担学习责任的作用。

建议

孩子的学习责任心是怎么培养出来的呢？

首先，让孩子自己学会承担，自己的事情自己负责。孩子对学习的责任心不强，与其平时的习惯是有很大关系的，主要原因是被父母照顾得太无微不至了，以至于不懂得承担。对此，家长应该引导其从小就学会独立，让他学会自己为自己的事情负责。例如，早晨起来叠被子、打扫房间、整理书包等孩子自己的事情，家长就不要再帮着做了，而是告诉孩子：“你现在已经长大了，自己的事情要自己去做，做好做坏都需要自己去承担。学习也是一样。如果你只顾着玩儿而忘记学习，那么最后作业完不成被老师批评，你也要对此负责。”

这样的话，孩子的心就不会再像之前那样“轻松”了，不管是学习还是做其他事情，都会掌握好“分寸”，责任心自然也就慢慢培养起来了。

其次，订立学习“合同”，一旦“违反”就要承担后果。为了培养孩子对学习的责任心，家长还可以通过与其订立学习“合同”的方式去“逼迫”他。如果孩子出现“违反”合同的行为，就必须承担后果接受惩罚。例如，“合同”中可以规定：必须在完成作业之后才能出去玩；玩耍不能超过规定的时间，否则就要增加作业量；每天晚上必须拿出一个小时的时间学习等。

当然，具体的内容要视孩子的实际情况而定，既要尊重其心智发育的规律，也要符合孩子的实际学习情况。在制定每一条内容的基础上，再制定“违反”后的惩罚措施，并且要严格执行。

这种制定学习“合同”的方式，不仅能培养孩子对学习的责任心，同时也能让其养成良好的学习习惯，对其后续的学习也会产生一定的促进作用。

规律

学习责任心要从小培养。案例中，小姑娘忘记带试卷一事，反映了这样几个问题：之前的学习习惯，导致孩子上了高年

级之后对学习依旧没有责任心；贪玩儿会让孩子忘记时间，想不起来要学习；家长没有对孩子从小进行责任心教育。

形成学习责任心可以激发孩子的学习兴趣。不管做什么事，责任心永远是第一位的。只有具备了超强的责任心，才能重视起要做的事，并且尽自己最大的努力去做好。案例中，强强一玩起来就忘记时间、忘记学习，就是因为责任心太差，这会对其学习能力的培养和提高产生一定的消极影响。家长必须重视这一问题。

责任心或责任感可以激发孩子无限的生命潜能。一个人的身体里到底潜藏着多大的能力，我们无从知晓。但我们知道，当一个人处于逆境或几乎陷入绝境之时，如果他的责任感发挥到极致，内心的能量就会释放出来，从而使他战胜困难，鼓起生存下去的勇气，渡过难关，勇敢地生活下去。而学习困难对于一名学生来说，更是完全能够迈过去的沟沟坎坎了。

孩子的学习方式是多样的。家长和老师都不能狭隘地理解孩子的“学习”，而仅仅关注孩子的成绩、分数、写作业。世界是丰富多彩的，孩子的学习生活方式也是五彩斑斓的。孩子无论是学习说话、阅读、运动，还是学习绘画与逻辑等，都是有其自然发展规律的。成人需要让孩子走进这个世界，理解世界上的万事万物。

成人需要做的就是带领孩子走进自然和社会，提供优良、充分的条件，静静地做一个好的观察者、引导者和陪伴者。成人应通过多种方式确立不同的学习主题，应对孩子的个性差异因材施教，不断丰富孩子的知识经验，使之健康、快乐地成长。

4. 看课外书没有用吗？

"人并不是被事物本身所影响，而是被他们自己对事物的看法所左右。"

——爱比克·泰德

人类是通过不断的学习而获得进步和发展的。每个人的一生也是通过学习不断丰富和完善自我的。

我们可将学习分为有效学习和无效学习两种。有效还是无效，不仅要看学习者的学习结果，更要看学习过程，即学习投入。学习结果，就是看学习者在学习之后有无获得发展，学习过程或学习投入就是要看学习者在学习过程中的兴趣、注意力、情感情绪等的投入度。

在解释"发展"概念时，美国教育家杜威这样说："生命就是发展；不断发展，不断成长，就是生命。""教育过程本身就是目的，教育过程之外不存在目的。"①杜威的"教育无目的"理论认为：教育目的只存在于"教育过程以内"，不存在"教育过程以外"的目的；主张儿童的本能、冲动、兴趣所决定的具体教育过程就是教育的目的；将社会、政治需要所决定的教育总目的看作是"教育过程以外"的目的，并指斥其为一种外在的、虚构的目的表现。

---

① 约翰·杜威. 民主主义与教育[M]. 陶志琼，译. 北京：中国轻工业出版社，2017：51.

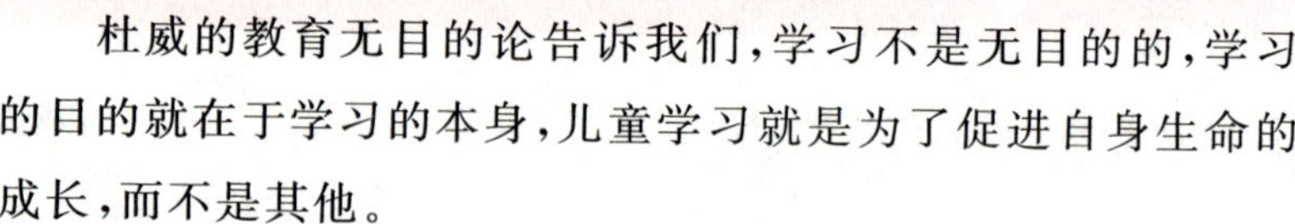

杜威的教育无目的论告诉我们，学习不是无目的的，学习的目的就在于学习的本身，儿童学习就是为了促进自身生命的成长，而不是其他。

案例

“老师说，‘看那些没用！’”①

七岁的小侄女背起小书包，进入了小学。终日看她在写字桌前忙碌，书桌上堆满了《小学生每日必备单词》《数学新课标丛书》。这么一个稚嫩的小孩子，每天埋头在一张大大的书桌前吭哧吭哧地用功，这景象着实有些滑稽和让人心疼。我凑上前去，发现书桌上无一例外是教辅书，我便问她：“我给你买的《经典儿童文学》去哪里了？”

她奋笔疾书，头也不抬，甩给我一句话：“老师说那种书没用，要抓紧时间学点有用的。”

我的手一抖，不太敢相信这话出自一个七岁孩子的口。我的七岁，还在《绿野仙踪》《格林童话》的课外书中畅游，而未曾体验过世界是什么样的小女孩，如何能够老练地判断什么知识对她有用还是无用？

星期一，我顺路送她到小学门口，各种英语班、奥数班、作文班在那里安营扎寨，广告宣传员忙不迭地往我手里塞宣传单，说得天花乱坠：“学了就有用，上了就涨分！”我仿佛

① 董进宇. 教育的失败，往往在于学的东西太“有用”. http://www.41lan.com/article? artId=786495083313758208&module=course. 2016-10-13.

置身于一场急功近利的教育狂欢，望着小侄女背着沉重的书包走进学校，竟然无言以对。

分析

现如今，知识已经被划分为“有用知识”和“无用知识”两大类，很多家长和老师却片面地判断读书学习“有用”和“无用”，把提高孩子的考试成绩和分数，以及能否升学、能否升上好的学校等看成是唯一对孩子“有用”的学习，除此之外的一切学习都是在做“无用”功。这很可怕啊！

案例中的小女孩刚上小学，她只有7岁，头脑中就认定了哪些是“有用”的知识，哪些是“无用”的知识，这些都是老师“教导有方”的结果。与之相反，小女孩的叔叔（也就是作者）却有相反的经历和认识。我们非常赞同作者的观点，有些看似有用的知识，可能却是无用的，关键要看学习这些知识只是一时的用途，还是对终身发展有益。

当然，我们也不能说孩子当前学习的知识是无用的，只不过老师过早地灌输孩子关于“有用论”和“无用论”的思想是有问题的、要不得的。

看似“无用”的知识，有时却能够在人生的关键时刻帮上忙。正如作者所言：“人生是饱满的、立体的，你所做的每一件事情都不会浪费，都有自己特别的意义，别用‘无用’来衡量孩子的教育，你永远不知道它会在人生的哪个关键时刻帮孩子一把。”

建议

家长要用“全人教育”的观念来看待孩子的学习和掌握知识。用“全人教育”的观念教育孩子，不代表让孩子什么都学，什么都要学好，更不代表让孩子成为“全才”，而是要正确看待知识的用途和学习的价值，让孩子健全成长。

家长应鼓励孩子树立人生的长远目标，既要做“有用”的作业，又要写“无用”的文章。哈佛大学教授、美国著名教育心理学家戴维·珀金斯在他的《为未知而教，为未来而学》[①]一书中认为，现在课堂上学习的是没有实际意义的“好知识”，而真正的学习，是学习具有生活价值的知识，并加以实践运用。学习者即将面对的世界是灵活多变的，兼具未知与已知。

我们需要以一种全新的视角来看待教育，在教育中既关注已知，也关注未知；需要一种更具有“未来智慧”的教育视角，由此来反映我们对将来可能发生什么事的推测，并且借以强调能够应对所发生的一切事情的灵活知识。

家长应着重培养孩子多方面的兴趣，在孩子不同年龄阶段做各种有益的事情，如带孩子郊游、阅读、欣赏音乐、参观博物馆等，全身心、全方位地感知自然与社会。

规律

儿童的成长过程中需要学习各种各样的知识，并充分接触

---

① 戴维·珀金斯. 为未知而教，为未来而学[M]. 杨彦捷，译. 杭州：浙江人民出版社，2015：3.

自然界和社会。17 世纪捷克大教育家夸美纽斯在他的代表作《大教学论》的开篇中就说过："教育是把一切知识教给一切人的艺术。"他的"泛智论"思想和循序渐进、遵循自然的教育原则至今对我们仍有启迪意义。

在这个"知识爆炸"的时代，尽管一个人不能掌握所有的知识，但要真正对孩子一生发展起作用，弄清楚什么知识才是真正"有用"的十分必要。

要想让孩子做一个有用的人，先要学习众多"无用"的知识。音乐名人高晓松说过，最实用的教育，是让孩子懂得如何在不成功的人生随遇而安。高晓松的育儿经，就是"让孩子多学些没用的事"。

19 世纪英国著名生物学家达尔文，小时候是一个不务正业的孩子，看蚂蚁窝，捉蝴蝶，研究臭虫，就是不愿意学习。父亲气急败坏，认为他"除了打鸟、养狗、捉老鼠外，有用的事一样都不会干，将来会丢全家人的脸"。可是，达尔文就是从学习这些"无用"的事情中，成就了一番伟业，改变了人类对生命进化的认识。

对于孩子而言，一切有益其健康成长的东西都是"有用"的。孩子的本性是玩耍、梦想、好奇和探索，那么，所有跟玩耍、梦想、好奇和探索有关的东西都应该是"有用"的。

然而，现在的许多家长连一点发呆的时间和空间都不给自己正在读小学、上中学的孩子，每天用作业和各种辅导班把孩子的时间填得满满的。孩子只能起床学习，上床睡觉，累得连做梦的能力都丧失了。没有自由哪来思想，没有探索哪来成就感。如此长大的孩子在遭遇不成功的人生时，自然很难做到随遇而安。

5. 为什么要让孩子自己承担学习责任？

“每个孩子都是天生的艺术家。”

——毕加索

截至目前，儿童学习者的关键性发现之一是：儿童有学习特定领域的先天素质，能主动地通过感官探究他们的世界。儿童从胚胎期就开始依靠感觉进行学习，出生后伴随着各个感官的发育和成熟，他们通过视、听、嗅、味、触、前庭、本体各个感觉通道吸收周围环境中的信息，传入大脑，由大脑进行加工，然后做出适应性反应。这个过程就是感觉统合的过程。

案例一

一个3岁的孩子这样问妈妈：“妈妈，刚出生的孩子什么都不会，对吗？”

妈妈说：“刚出生的婴儿，该会的都会。他会用嘴吃东西，会用眼睛看东西，会用鼻子闻味道。当我用一根羽毛接触他的脚的时候，他会把脚缩回去。饿了，尿了，他会用哭声告诉妈妈。你看，刚一出生，他该会的都已经会了。”

分析

从案例中幼儿与母亲的对话中，我们知道：孩子天生就是学习者。

尚在孕妇腹中的胎儿已经发展了感知觉。宝宝在母亲的子宫内就能闻到气味。新生儿会习惯反复出现的气味，母亲乳房分泌出的初乳在空气中弥漫着香味，刺激着宝宝各个嗅觉细胞。

婴儿不仅能本能地追踪哺乳期女性的气味，还能很快地学会区分自己母亲和其他哺乳期妈妈乳房的味道。熟悉的母亲味道对婴儿有很好的安慰作用，这也是母亲陪伴的最佳理由。

孕期 24 周的胎儿即可观察移动物体，改变心率以应对母亲腹部的强光。新生儿已具备视觉能力。听觉的神经结构早早就在子宫里构建了，出生前便基本完善了。婴儿出生时便已拥有了大约 12 个星期的实际听觉经验，甚至有了辨别自己喜欢声音的能力，其中，妈妈的声音位居榜首，尤其是她们那柔和的如歌唱般的“妈妈语”。

这些都说明：孩子天生就是学习者，他们早早地就发展各种认知能力，时刻与周围世界接触和交互。

蒙台梭利认为，儿童的心灵有“吸收性心智”，成人只要给予适当的指导和帮助即可。因此，在安全和支持性的环境中，儿童通过对周围世界的探索和反应能够进行自主学习。成人应以爱为原点，给予充分的信任和尊重，支持儿童承担学习的责任。

儿童拥有会学习的大脑。最新研究结果表明：脑的可塑性

是可以持续终身的。胎儿期是脑发育最快的时候，也就是受精后10～26周，脑每分钟产生大约25万个神经元。到婴儿出生时，脑已经包含了一生之中的大部分神经细胞，有150亿～320亿个。6岁时脑容量就已经达到成人的90%。

儿童出生时，其脑并不是一块“白板”。儿童很小的时候就开始认知这个世界了。婴儿已经具备了很好的数字能力。早期学习的内容包括语言学、心理学、生理学和物理学等方面的知识，还包括语言、人类、动物、植物和物体的运作方式。因此，成人要懂点儿脑科学，善于发现儿童的创造力，呵护儿童健康、可持续的发展。

案例二

1岁的阳阳和父母来到林间小屋，我们一家人住在一起。他十分高兴地发现，小屋里有个几层台阶的楼梯，他自己家里的楼梯只有一个台阶，他早就会爬了。小屋的楼梯激起他的热情，他一遍又一遍地爬上爬下。

我们站在一旁想保护他，他几乎不需要。他专心致志，不愿意我们把他抱离。他爬楼梯时，每个动作都显示出他快乐无比，他在探索、掌握新的技能，这对他未来的发展很重要。没有人会告诉1岁的阳阳去爬数小时的楼梯，也不需要有人告诉。他会自发地去做，运动感完好的健康孩子都会这么做。

分析

因此，家长和老师不要过于积极，应该退回一步，细心观察，只有在孩子需要或请求帮助时，才予以必要的指导。

儿童是主动学习者。这意味着，儿童的学习不需要强迫。儿童3个月会翻身，6个月能坐，七八个月会爬，都是儿童在身体的不断发育中主动学习与发展能力的过程。儿童还可以用自己的手脚和身体做各种动作，并通过对动作掌握和控制的练习，发展出更多的能力。

儿童敢于冒险，喜欢积极探索。在这方面，成人既可以帮助儿童学习，也可能会妨碍儿童进步。儿童认识任何事物，不可能突然之间从无变有，他们先观察事物，然后创建理论，再检验和修正理论。儿童一点一滴地把生活经验转化为知识，这个过程与科学家积累科学知识的过程完全一样，他们会观察、思考、推理、给自己提问题……如果成人想要控制操纵或改变这个过程，其实就是在阻碍儿童的这种学习过程，这是因为儿童在学习过程中不仅获得知识，还在创造知识。

案例三

雅娜4岁时来上幼儿园，周一早上她自豪地宣布会系鞋带了！我半信半疑，绝大多数4岁的孩子不会打结。雅娜决心做给我看，她坐在地板上，把鞋带解开，重新打了一个完美的蝴蝶结。看到我惊讶的表情，她笑了。

后来，我问起她的妈妈，雅娜是怎么学会打结的。妈妈笑着告诉我，周末雅娜假装要去参加生日聚会，她利用能找到的所有纸片，把纸叠成小小生日盒，从妈妈的毛线篮子里找到毛线绳，把盒子包装起来后打个蝴蝶结。周末她包装了六七十个盒子，直到最后，她完全掌握了打蝴蝶结的技巧。

分析

上面案例中的母亲和老师对雅娜会系鞋带一事非常在意，及时给予了关注和肯定，使得她非常开心与自豪，儿童的能力就这样增强了。因此，成人应随时保持倾听儿童的心声，理解他们的想法，努力融入儿童的心灵。

儿童善于观察和模仿学习。儿童透过模仿环境中见到的全部榜样来学习。但不是模仿榜样所有的行为，儿童模仿的一定是他们认为有意义的行为。在这点上，皮亚杰和维果斯基从不同角度进行了分析：皮亚杰认为儿童非常积极地参与他们自己的发展，总是构造知识和改变他们的认知结构来更好地理解世界；维果斯基认为儿童积极参与和别人的合作形式的对话，然后获取适应他们文化的思维工具。

案例四

我喜欢读书，当我手里捧着书时，孩子就会凑过来说："妈妈，给我讲个故事吧。"

我喜欢画画，当我买来一堆水彩笔和颜料，欣喜地铺开画稿，孩子就会冲过来说："我们一起画画，好不好？"

我喜欢抱着二宝，亲亲他的小脸蛋，开心地说："快点长大，好当姐姐的小跟班、小尾巴呀。"女儿就会冲过来调皮地捏捏弟弟的小脸："哈哈哈，我的小跟班、小尾巴！"

我不知道如何才能把最好的东西给她，我只知道，我在做的时候，孩子就在我身边，她与我一起学习、游戏和玩耍，其乐融融。

分析

因此，成人应适时参与到儿童的游戏或学习活动中，帮助儿童与他人友好交往和交流。

成人是儿童的榜样和模范。但成人只需要做给儿童看，而不是命令他们去做。成人跟儿童关系越好，儿童就越愿意模仿。但是成人刻意的动作未必有效果。儿童可能随时都在观察你，他不只是模仿你想让他模仿的事情。因此，成人要做好榜样示范，积极影响儿童的学习兴趣和热情。

儿童需要学习伙伴。儿童是在与成人、同伴的接触、交往中由"自然人"变为"社会人"的。儿童生活、学习和游戏，哪一样都离不开同伴相随、共同学习和发展。案例中这位"二宝妈"就给我们道出了一种陪伴成长的秘密心语。

儿童需要关注和倾诉。生活中常常会有一些儿童，因得不

到成人的关注而产生不满情绪。他们还有可能会故意捣乱，大声吵嚷，甚至随地打滚、撒泼耍赖。遇到这种情形，不理解儿童的成人会生气、发怒，甚至打骂儿童。殊不知，这是由于儿童没有得到成人关注与陪伴的结果。

二、要把孩子培养成为什么样的人？

学习，犹如轮船在大海上航行，没有目标就没有前进的方向，更到达不了港湾。

楚国诗人屈原在其名作《离骚》中说："路漫漫其修远兮，吾将上下而求索。"这句话的意思是：在追寻真理方面，前方的道路还很漫长，但我将百折不挠，不遗余力地去追求和探索。这句话用在学生的学习上，就是在树立目标之后，一定要奋力到达目标。

人民教育家陶行知在其《行知书信集》[①]中说过："先生不应该专教书，他的责任是教人做人；学生不应该专读书，他的责任是学习人生之道。"这句话既说出了教师的教学目标，也说出了学生的学习目标。二者是结合在一起的。

① 陶行知. 行知书信集[M]. 合肥：安徽教育出版社，1983：109.

1. 能让孩子自己决定学什么吗?

这个问题似乎不需要再问了。一个人没有明确的目标,就好像一条船在海里飘荡。因为没有它的目标港,所以不管这条船漂多久,经历多少风浪,它始终不会到达目的地。[①]

在每学期开学初,家长鼓励孩子自己树立学习目标是非常必要的。

案例

从女儿四岁开始我就“听”她的[②]

该文作者祝郁[③]

---

① 赵汇峰.你在为谁读书:哈佛大学给青少年的人生规划课[M].北京:时代出版传媒股份有限公司,北京时代华文书局,2015:27.

② https://mp.weixin.qq.com/s/HTy4LDAqz0aniX1AnwIYlw.2017-08-29.

③ 祝郁,上海市特级校长,现上海市嘉定区教育局副局长。

从女儿四岁到今天,我一直坚持一句话:“我尊重你的选择。”

因为没有老人可以帮忙带孩子,我女儿很小就进了幼儿园。到她大班毕业时,年龄还不够上小学,但是她不同意,一定要和小朋友们一起去上小学。

我没有武断地回绝女儿,而是请了三天事假,带不到五岁的她到小学去旁听了三天,然后让她自己判断是否可以上小学。三天后,她很坚定地说:“我要上小学!”

那时,不到年龄走个“后门”还可以进去,所以我就尊重她的意愿让她上了小学。

小学一年级第一个学期她是学得最好的,因为这是她争取来的,是她的选择。这样,她不到五岁的时候,就学会了独自判断和为自己的选择负责。

等女儿上初中时,我仍旧让她自己选择,是去民办学校还是对口的公立学校。她到对口公立学校看了之后说:“我喜欢这个学校。”我说:“好,喜欢就好。”

女儿读初中时,我带她到上海很多高中去转了一圈,让她看看希望将来进哪个学校。最后她说:“妈妈,我要考上海中学,因为上海中学校园漂亮。”

因为这个目标,初中最后一年,她的成绩突飞猛进,但我个人判断要考上海中学还是有点危险。

中考填报志愿时,我建议她填报上海师大附中,但女儿坚决要报上海中学,我尊重了她的意愿。

成绩揭晓，她因两分之差与上海中学失之交臂。虽然她最终也进入了心仪的曹杨二中，但有时仍有遗憾：“如果当时零志愿不填上海中学，什么学校进不去啊！”这时，我告诉她：“那是你自己的选择。”

我觉得一个人不可能永远做对的事情，但只要是自己的选择并且是经过思考的选择，就没有什么可后悔的。

后来女儿进大学选专业、出国读研都是自己做决定，自己去操作。

我也曾担心她的一些选择。比如，她曾想进入传媒行业，我和她沟通了好几次，但她态度坚决。最终我接受了，于是和她一起设定了未来的路线图。

后来，女儿到传媒公司实习一段时间之后改变了主意。我也尊重她，并继续积极和她一起调整、设计新的职业路线图。

还有一个例子：

女儿小时候，我想让她学钢琴，但我不是买来钢琴让她学，我用了个小小的“计谋”。

当时我班上有个学生钢琴弹得非常好，我带女儿去她家玩儿，请她弹琴给女儿听。听了几次，女儿终于忍不住了：“妈妈，我们也买钢琴吧。”

我说：“钢琴很贵啊！”

她说：“可是我真的很想要钢琴。”

我又说：“弹钢琴很苦的，你问问姐姐有多苦？每个星期都要弹，还要到老师那里去学琴。”

女儿面露难色地放弃了。但过了几天，她又忍不住了：“我真的很想要钢琴。”

在女儿的一再恳求下，我才买了钢琴。因为是她自己提出来要弹的，所以她学琴的整个过程中，我从来没有费过心。

女儿曾经说：“你最大的优点是一直尊重我的选择。因为有了选择，我就有了目标。我就会朝着自己的目标走。”

分析

祝郁校长教育女儿是非常尊重孩子的选择的。从女儿四岁开始，上小学、中学、大学，兴趣爱好，乃至就业等，全部尊重她自己的选择。用祝校长自己的话说，孩子“开窍”时，家长就要让孩子发现自己到底想要什么，然后才是发现自己的能力所在。

一旦进入这种状态，孩子就会感受到一种前所未有的力量从心底涌出。要是孩子什么都听家长的，那就出问题了。孩子会觉得，我的人生是你帮我规划的，那你就替我走下去吧。

从案例中可以看出，祝校长是一个“有心人”，为了让孩子做出正确的选择，专门花时间带孩子去一所小学旁听，最后让孩子自己决定是否喜欢这所小学和是否要上小学；为了考察和坚定孩子学习钢琴的信心和兴趣，故意带女儿去一个学生家听她弹钢琴，还故意说钢琴很贵，弹钢琴很苦之类的话，以此考察女儿的兴趣选择是否坚定。

祝校长还是一位智慧的母亲，在陪伴、观察与支持的过程中帮助女儿学会了自主自立，更重要的是，在实践体验中让女儿产生了学习兴趣、动机和树立了学习目标。

建议

考虑和尊重孩子的选择。孩子的选择受到了父母的关心和尊重，将激发孩子的学习热情，锁定学习目标，激励他们朝着自己确定的学习目标前进。

然而，现实中许多父母，每件事都要替孩子做主，他们觉得自己走过的桥比孩子走过的路还多，因此把自己的意见和看法强加在孩子头上，不容孩子分辨和做主。这样的父母一方面得不到孩子的尊重，另一方面也割断了孩子独立思考和自主发展的机会。

教会孩子正确认识他们自己。古希腊哲学家苏格拉底有句名言："认识你自己!"面临选择时，很多人不知道自己到底该做什么，面对孩子的这种疑问时，家长就要学会帮助他们发现自己，认识自己。

帮孩子拥有具体的未来梦想。孩子拥有了梦想，要引导他们相信这个梦想能实现，并朝着这个目标不断行动，这种行动就会赋予孩子进行自我开发的积极"动机"，从而逐步走向成功。

规律

孩子的自主性往往表现在他的选择上。但是，很多家长由于怕孩子自己选择错了，总是不敢把选择的权利交给孩子。如果从来不给孩子选择的权利，他就永远学不会选择，永远没有自主性。因此，家长从小就培养孩子自己做选择是非常重要的。不管孩子的选择是对还是错，家长都应当由衷地欣赏孩子这种果敢的行为。

父母往往不考虑孩子的自主选择，会不假思索地替孩子做主，这样往往会打击孩子的积极性，阻碍孩子前进的步伐。

曾经有过这样一个微信视频，一位母亲指挥着自己年幼的孩子在超市自动付款台进行购物付款，孩子的一举一动都受到母亲的指挥，毫无个人主见。母亲自以为自己的孩子十分能干，但却没有意识到，孩子其实就是一个被她操纵的机器，毫无主动性和自主性。

随着年龄的增长，在学习的每一个阶段，孩子对自己的学习目标也在逐步提高认识，实现目标的勇气也在逐步提升。因此，作为家长，对孩子要学会逐步“放手”，这一过程是遵循孩子自然成长规律的，也是孩子自觉养成学习习惯、增强学习能力的过程。

2. 我们最终要把孩子培养成什么样的人？

“人类的一切努力的目的在于获得幸福。”

——欧文

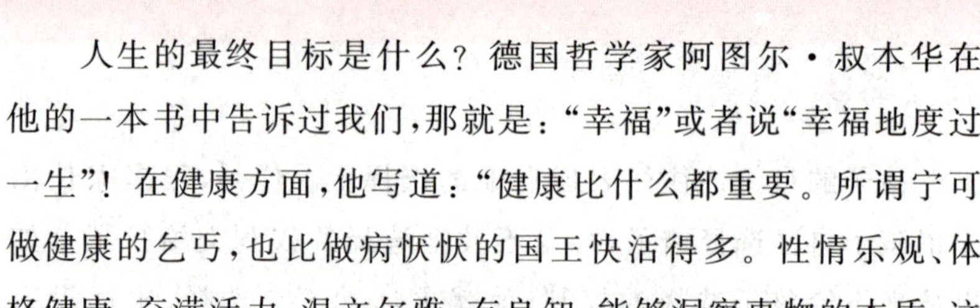

人生的最终目标是什么？德国哲学家阿图尔·叔本华在他的一本书中告诉过我们，那就是："幸福"或者说"幸福地度过一生"！在健康方面，他写道："健康比什么都重要。所谓宁可做健康的乞丐，也比做病恹恹的国王快活得多。性情乐观、体格健康、充满活力、温文尔雅、有良知、能够洞察事物的本质，这些都是地位或财富无法弥补或取代的优势。"①

在这里，叔本华不仅仅说到健康对人生幸福的重要性，更强调人的德智体等各方面素养提升的重要性。

一个人的最终目标也就是他的最终理想，目标达到了，理想也就实现了。然而，很多人只想到要达到最终目标，而忘记了追求目标的过程。成人要考虑的是：孩子如何快乐地生活，幸福地达到目标。

儿童充满着丰富的想象力和好奇心，从小就爱幻想，很多孩子经常说："我长大了要当警察""我长大了要当医生""我长大了要当科学家"……孩子们这些美好的愿望能否实现，关键要看成人如何引导和帮助他们。

最终目标一般由一个个近期目标、中期目标和远期目标积累而成。确立和完成近期目标是达到最终目标的基础和前提；树立比较明确的最终目标有利于近期目标的设立和实现，二者是相辅相成的。

---

① 阿图尔·叔本华．人生的智慧：如何才能幸福度过一生[M]．木云，林永是，译．长沙：湖南人民出版社，2015：12.

案例

从知识到教养有多远①

《大英博物馆百物展：浓缩的世界史》于2017年6月至10月在上海博物馆展出。

在这期间，几乎每天都有众多市民曲曲折折排着长队，最长的时候队伍从武胜路南门甩到北面的人民广场上，甚至需要等待四五个小时才能进馆。长队里面，有相当大的比例是正在过暑假的孩子，小到四五岁，大到十五六岁。身前身后相伴着的，是他们的爸爸妈妈、爷爷奶奶、外公外婆里的一个或几个。

因为有了这么多的孩子，展厅里气氛活跃。不算上有年幼的孩子因活泼好动和疲惫、不耐烦而偶尔发生的情绪和行动失控，更常见的情形是家长们站在每一件文物面前为孩子上课、一心想向他们灌输更多知识的急切和努力：一位显然有着历史和考古学功底的父亲，能够相当准确地抓住文物含义，滔滔阐述启发儿子思考，他安静的妻子时不时板起脸来警告儿子“专心点，听爸爸讲”；多数家长没有这种资质，往往对着展品说明文字，择其要点讲给孩子听；更聪明的家长扫了二维码，找到相对应的那段说明文字，举着手

① 案例根据文章修改。参见：姜泓冰．从知识到教养有多远[DB/OL]．http://newsxmwb.xinmin.cn/shizheng/pl/2017/09/02/ls/31254566.html?from=singlemessage&isappinstalled=0．2020-12-06．

机弯腰屈膝地放给孩子听——百件文物播放完，想必举着的手臂也要僵了。

每件展品前都挤得密密匝匝，避无可避。懂得用手机上课的人，不少都忘了戴耳机。于是，原本应该是每个人独自与文物及其牵连到的那段历史相互打量、对话、回放的参观，变成了左耳右耳同时听着不同角度、不同进度、不同水准的各种讲解。

排了长队进了博物馆的父母们，如果能少点儿急吼吼讲知识，多放低些声音，不要纵容孩子蹬踩展台底座多好……博物馆对多数人的意义，应是熏陶而不是"上课"。记住了很多知识，有了很多见闻，也许能写出漂亮作文、考上名校，但若有意或无意间缺失了文明素养和公德教育，则不过是造就了一批批"精致的利己主义者"，于国家和民族，有短用而贻大害。

分析

正如文章的作者写的那样："百物展"的好，在于用最有限的展品，展现出人类文明的丰富性，让我们感受到世界五大洲文化的特异和它们相互呼应的进程。它是管窥人类历史、艺术与文化的入门读本，让我们懂得和而不同、相互尊重，远离肤浅狭隘、妄自尊大。

但实际参观现场，孩子和家长甚至很少有人能理解这一展览的真正蕴意。众多家长在带领孩子看稀奇的同时，更多地关注如何让孩子掌握历史知识，而没有让孩子懂得遵守场馆参观秩序、规则和基本的社会规范。

所以，亲爱的家长们，当我们想教育自己的子女长知识和成才的时候，也要考虑到成人或做人，首先要成为一个有良好教养或修养，遵守公共秩序的社会公民。

建议

父母教孩子学习和掌握知识的同时，要让孩子知道学习知识的真正作用和价值。的确，青少年时期（甚至幼儿时期）是孩子接受知识的黄金阶段，要帮助孩子尽力扩大知识面，不断加深对知识的理解。但是学习知识的目的不仅在于此，还在于将来成人成才报效祖国，做社会的栋梁。

父母教孩子学习知识的同时，首先要让孩子学会有教养。每一位家长都应有“全人教育”的理念，将孩子未来能过上幸福的生活作为教育的最终目标。

父母教育孩子，或带孩子接受教育的时候，应给孩子做好榜样，引导孩子做一个有修养的人。先做人，再成才。如果不能成才，至少也要学会做人。父母首先要成为一个有教养的人，要把成为一个有教养的人作为自己终生追求的目标。父母应以身作则，为孩子树立良好的榜样，尤其在孩子很小的时候。

规律

父母对孩子的教育往往停留在让其获得知识的层面。也许存在"望子成龙"的期望，也许由于考试导向的学校教育目标，父母最关注的是孩子对知识的获取和掌握，却忽略了孩子学习知识的真正目的，也没有注意到学习知识的方式方法，更谈不上关照孩子学习的兴趣、动机和情感。

学习知识远比学习有教养容易得多，但学习有教养远比学习知识重要得多。这一点大多数家长的想法和做法正好相反，把孩子学习知识放在第一位，不关注如何教孩子学会尊重别人，如何遵守秩序，如何回报社会。而且，父母教育孩子，往往忘记了以身作则的重要性。

人人都愿意做一个有教养的人。但是，要想成为一个有教养的人又是非常不容易的，甚至是每个人终生追求的目标。很多人认为教养距离我们太遥远，作为普通人，永远也达不到心中的那个目标。其实，教养就在我们身边，它是善良地对待他人，尊重他人，有爱心，做事有分寸，善解人意，温文尔雅，注重细节，关心他人，心胸宽阔，正派真诚，光明磊落……做到这些真的很难吗？

3. 如何才能成功实现自己的学习目标？

"活着要有生活的目标：一辈子的目标，一段时间的目标，一个阶段的目标，一年的目标，一个月的目标，一个星期的目标，一天、一小时、一分钟的目标。"

——列夫·托尔斯泰

什么样的学习目标才是明确的、合适的或恰当的呢？孩子怎样才能树立明确的学习目标呢？由于年龄不同和各自知识水平的限制，不同年级的学生，学习的目的性是不一样的。但有一点是相同的，即只有有了明确的学习目标，才能有竞争意识，才能激发起学习的积极性。所以，家长和学校培养孩子的竞争意识之前，先要帮助孩子树立明确的学习目标。

案例

山田本一两次获得世界冠军的秘诀①

日本运动员山本田一

① http://blog.sina.com.cn/s/blog_629c05060100h0fb.html. 2009-12-26.

山田本一是日本著名的马拉松运动员。他曾在1984年和1987年的国际马拉松比赛中，两次夺得世界冠军。

记者问他凭什么取得如此惊人的成绩，山田本一总是回答："凭智慧战胜对手！"

大家都知道，马拉松比赛主要是运动员体力和耐力的较量，爆发力、速度和技巧都在其次。因此对于山田本一的回答，许多人觉得他是在故弄玄虚。

10年之后，这个谜底被揭开了。山田本一在自传中这样写道：

每次比赛之前，我都要乘车把比赛的路线仔细地看一遍，并把沿途比较醒目的标志画下来，比如第一标志是银行；第二标志是一棵古怪的大树；第三标志是一座高楼……这样一直画到赛程的结束。比赛开始后，我就以百米的速度奋力地向第一个目标冲去，到达第一个目标后，我又以同样的速度向第二个目标冲去。40多千米的赛程，被我分解成几个小目标，跑起来就轻松多了。

开始我把我的目标定在终点线的旗帜上，结果当我跑到十几千米时就疲惫不堪了，因为我被前面那段遥远的路吓到了。

分析

这个故事告诉我们：要完成一项艰巨的任务，应该像山田本一那样，把大目标分解成一个个小目标，然后分阶段地来实

现它。山田本一如果没有把他的长远目标分解成一个个小目标，就很有可能不会取得国际马拉松比赛的冠军。

可见，大目标分解为小目标，就变得具体多了，让人看到了胜利的希望，从而增加了人们的信心。山田本一在马拉松比赛中运用目标分解的办法获胜，听起来既合理又有效。

父母要帮助孩子树立明确的目标。很多人认为，人生就像一次赛跑。在多数家长看来，要想赢得这场漫长的赛跑，在学习上就要先“起跑”，甚至“抢跑”，还要让孩子跑得快，好像只有这样才能不输在起跑线上。这无形中给孩子增加了学习压力，甚至违背了教育规律。

实际上，与其说“人生就像一次赛跑”，不如说“人生就像一次旅行或旅程”。孩子的学习和成长也是一个缓慢的过程，不同的阶段需要开展不同的学习模式，根据孩子的个性特点和学习风格树立不同的学习目标。

父母要在指导孩子确立自己的目标之后，还要教会他们如何分解目标。每一位中学生的身上都背负着非常具有挑战性的目标——中考和高考。当面对这一学习目标时，我们不妨学学山田本一先生，将学期目标分解到月，甚至再简单分解到周、天。我们每周争取完成周目标，这样下来，就像马拉松运动员一样，一定能够达到人类长跑的极限。

规律

适合孩子的学习目标才是最好的目标。没有学习目标不

行，但目标过高对孩子学习也不利。有些父母认为孩子的学习目标定高一些可以激励孩子努力上进，但实际上，孩子往往会因为达不到目标而感到挫折、气馁和沮丧，产生无助感、无能感，甚至恐惧，最终极有可能放弃进一步学习的努力。

因此，家长在引导和帮助孩子制定学习目标时，一定要考虑到孩子的个性差异和实际能力，不同年龄的孩子其能力有显著差别；每一个孩子都是独一无二的，有其独特的潜质和优点。过低的学习目标往往没有激励作用，而过高的目标只能使孩子感到挫折、沮丧和失望。选定一个恰当的目标，就等于成功了一半。

孩子的学习目标应是具体的、明确的。

“目标”是一个抽象的概念，但包含着相当具体的内容。小学生，尤其是小学低年级的学生，其思维方式还停留在具体形象思维阶段。他们所掌握的概念大部分是具体的、可以直接感知的；要求低年级学生去理解抽象的内容，常常是比较困难的。他们的思维活动在很大程度上还是与眼前的具体事物或其生动的形象联系着的。因此，引领孩子去感觉“目标”，可以先从一个个具体的、孩子熟悉的事物出发。举例说明如下。

对于数学成绩不理想的孩子，这个学期数学考 80 分就是目标。

对于不会游泳的孩子，3 个月内学会蛙泳就是目标。

对于没有朋友的孩子，交到 1 个朋友就是目标。

对于早上不愿起床的孩子，这周比上一周少迟到两次就是目标。

对于练钢琴的孩子来说，熟练弹奏一首自己喜欢的曲子就是目标。

对于喜欢足球的孩子来说，这个学期踢进 1 个球就是目标。

如果在日常生活中，父母能够经常问一问孩子："你今天的目标是什么？""你做这件事的目标是什么？"那么，孩子对"目标"这一概念的理解就会逐渐丰富起来，从日常生活的小目标，逐渐想到自己理想中的大目标，并将大目标与日常生活的小目标联系起来，使小目标成为一步步通往大目标的阶梯。

4. 孩子不想做作业怎么办？

"人若志趣不远，心不在焉，虽学无成。"

——张载

初入学的儿童，可能不知道学习的目标是什么，也许认为受到老师的表扬和父母的夸奖，就是目标。但有了这个简单的目标，就可以促使他去努力听讲，认真完成作业。考试的成绩公布后，一个小朋友获得了第一名，戴上了小红花，其他小朋友就有了奋斗的目标，他们也会努力学习，争取下次也考第一，也戴朵小红花。所以，对小学低年级的学生来说，要调动他们的学习积极性，就要帮助他们树立一个正确的近期能达到的目标。因为，这时他们的年龄还小，给他们讲远大的目标，他们会觉得太遥远，不太容易接受，而让他们注意眼前的目标，则更为实际，效果更为明显。

随着孩子年龄的增长和知识的增多，还要逐步地帮助他们确立较长远的目标，树立持久的决心。一般来讲，儿童对未来，总是充满美好向往的，特别是五六年级的小学生，已接触到一些社会生活，学到一些知识，开始在脑子里描绘自己的未来。虽然，谁也难以预料自己的未来将是个什么样子，但理想中的未来总是美好的。这种对未来美好向往的心理，正是父母帮助他们树立远大目标的基础和有利条件。

爸爸，为什么我越长大越不想做作业了？[①]

“爸爸，为什么我越长大越不想做作业了？”散步时，女儿突然问了这个问题，而且一脸严肃的样子。

那一刻，我突然不知道如何回答女儿。自从进入幼儿园，女儿就表现得相当优秀，得到老师、同学的肯定，也获得了不少荣誉。进入小学以后，也是深受老师、同学的喜爱，担任班长和学校大队委员，能力也得到了锻炼。

为什么如此“优秀”的女儿不想做作业了呢？其实，对于她不想做作业，我和她妈妈早已看出了端倪。她写作业时的脸部表情已经说明了一切。

---

① 侯立元. 爸爸，为什么我越长大越不想做作业了？[DB/OL]. https://mp.weixin.qq.com/s?__biz=MzA5NzI4OTg4Mw%3D%3D&chksm=8bc4c0ff-bcb349e9a81475273b728e09e919bed6409e0c4b6dc39fb155f96f5e3ab190cb6e3f&idx=1&mid=2660463371&scene=21&sn=25b3da6b72af5c93d689bb81b7bc4320. 2018-08-26.

此时此刻，孩子把这一问题抛给了我，我该如何回答。鼓励她不做作业？那是万万不可的；给她讲写作业的重要性，估计她很难听进去。

“你不想做作业了？这说明你长大了啊！”我摸着她的头，很开心地说道。

“说明我长大了？”女儿兴奋之中带着疑惑。

“对啊！说明你已经有了自己的想法，有了自己对待作业的态度了。以前，老师布置作业，你可能根本不去思考就只顾按照老师的要求把作业完成了。只要完成就可以了。”我尽力表扬女儿。女儿很开心地笑了。

看到女儿开心的样子，我的话锋一转。“不过，也可以看出你现在的目标还不明确。你没有自己的目标。”

“对！我的目标老是变！”好像刚才那句话说到了她的心里，她不停地点头表示同意。

“爸爸给你举个例子吧！以前有个孩子，他说他的目标是将来当一名人民警察。多好的目标啊！但是他却从来没有为之努力过！既没有保护自己的眼睛，也没有锻炼自己的身体，更没有用知识来武装自己的头脑！过了没多久，他说做人民警察肯定很苦，他不愿意当警察了，他要当一名科学家！”女儿听我讲完，突然说：“我想起来了，我的目标是做一名像899电台里的主持人。”

“哦！对的！对的！以前听你说过！那你觉得做主持人要具备什么条件呢？”我趁势引导着女儿去思考。

“要口才好，要有随机应变的能力，还要知识渊博……”女儿边思考边回答着。

“是啊！口才、应变能力、知识渊博，这些哪一个会离得开学习呢？写作业本身不就是在学习、在积累知识吗？”

“爸爸，你终于又绕回到作业上来了！”女儿开心地笑了，我也笑了。

至此，是不是女儿已经意识到目标的重要性，写作业的重要性了呢？我觉得有必要再添一把火。

“你看，同样是抄古诗！如果侯思琦把它当成老师布置的任务，她只会潦草地完成老师布置的作业；张思琦觉得抄古诗能够练字，于是认真地抄写古诗，自己的字也得到了锻炼；李思琦呢？她觉得抄写古诗既可以练字，又可以了解诗中的故事，丰富自己的认知，她会更加认真，收获也最大啊！……”

“爸爸，我明白了……”

分析

女儿直接告诉爸爸越长大越不想做作业了！这是女儿主动把心里话告诉了爸爸，渴望得到他的回答。这位爸爸没有失望，没有直接批评女儿，反而说女儿长大了，由此启发孩子思考，鼓励孩子大胆表达。

接着，自然地将话题转向如何树立学习目标上，并潜移默化地开导女儿要实现目标，就需要付出一定的努力，这样才能真正地靠近自己的目标。这一“对话法”使我们想起了古希腊

思想家苏格拉底的“产婆术”教育方法。

现实中，还有一些孩子，他们也有类似的想法，却没有告诉父母。如果在孩子进入这个阶段——不想做作业，而父母不及时给予疏导，一味责怪孩子贪玩，不理解父母，不懂得珍惜时间……给孩子讲一通道理，或者干脆采用更加简单粗暴的手段，强迫孩子去完成作业，这样会对孩子产生怎样的影响呢？

建议

小孩子的学习目标往往是异想天开的，成人应保护他们的想象力。幼儿和小学低年级的孩子家长，对孩子充满童真的想象或幻想常常用“异想天开”“胡思乱想”来评价。殊不知，孩子的“异想天开”和“胡思乱想”正体现了他们独特而丰富的想象力，父母如果能正确地引导和鼓励，将使每一位“异想天开”的孩子成才。因此，如果父母发现孩子有一些较夸张的想法，千万不能横加批评、贬低和嘲笑，而应该适时引导和鼓励孩子大胆想象、恰当实践。

孩子的学习目标往往是模糊的，甚至是不切合实际的，家长应帮助孩子一起树立学习目标。孩子比较小的时候，他往往不了解学习目标对他的意义。这个时候父母应通过讲故事等方式使他明白确立学习目标的意义，并与孩子一道制订简单的计划，让孩子分阶段逐步达成目标。孩子到了能够理解学习目标概念的年龄时，父母可以尝试着帮助孩子树立学习目标意识，由孩子自己来书写目标，因为孩子最了解自己的实际能力。

家长可在一旁做好辅助工作。

家长需要持续观察、鼓励和监督孩子努力实现目标。幼儿园和小学低年级的孩子由于年龄小，意志力薄弱，尽管树立了一些目标，也可能并不在意或努力去实现，常常会出尔反尔或放弃努力。因此，父母应注意观察，旁敲侧击地提醒和鼓励孩子实现目标，但切忌唠叨，因为这样会引起孩子反感。

规律

每个人生活中都要有明确的目标，并且要为自己的目标付出行动。

学习目标是有一个完整的体系的，有远期目标、中期目标，也有近期目标。学习目标要分期树立，分步骤实现，最终才能达成预期目标。

学习目标树立后也不是一成不变的，需要随着各种条件的改变而相机改变。随着年龄的增长和条件的变化，学习目标也会发生改变。

学习目标的确立和达成是一个渐进的过程，不可能一蹴而就。确立学习目标需要智慧和规划，达成学习目标更需要毅力和勇气。瞄准自己的目标持续努力，勇敢前进，才会“不忘初心，方得始终”。

无论学习什么，要想帮助孩子树立学习目标，关键是培养孩子对学习的兴趣。美国心理学家布鲁纳曾提出：“最好的学习动机是对教学内容本身产生兴趣。”中国有句俗话“兴趣是成功之母”。因此，兴趣是最好的老师，孩子只有对学习对象产生

浓厚的兴趣，才能激发其内在的潜能，在学习过程中才有积极的、饱满的心态。

孩子自主选定学习目标，并不是一朝一夕能够养成的，而是要让他知道，养成了自主确定学习目标的良好习惯后，对自己今后的学习、生活、工作是非常重要的，要在日常的学习和生活中，在老师和父母的正确引导下，掌握方法、反复训练、持之以恒、常抓不懈，最终才能养成习惯、形成能力。

5. 如何教养孩子走向幸福的人生？

“自然界给了每一个人幸福的机会，人们都知道，却不知如何得到它。”

——克劳狄

时下，关于家庭教养问题存在较多的困惑和迷思。

教育的最终目的，甚至全部目的，就在于让人过上一种幸福的生活。而孩子将来能否过上幸福的生活，家庭教育的作用至关重要。美国心理学家曾通过大量的研究发现，一个人能够取得成就，80%取决于父亲的教导。但是，在这个全社会焦虑的时代，中国家庭的教养方式陷入了空前危机，家庭过度教养、亲子关系冲突、父亲缺位、母亲焦虑等导致的“问题孩子”比比皆是，反思和改变已迫在眉睫。

美国养育改革先锋人物朱莉·利斯科特说过：孩子问题的根源不在孩子身上，而在父母的教养方式。另一位教育学者朱

迪斯·哈里斯在《教养的迷思》一书中则持相反意见,父母的教养方式能否决定孩子的人格发展?该书告诉我们一个结论:不能。原因之一是"在同一个屋檐下长大的孩子并不会更相似"①。

由此,家庭教育似乎陷入了一种迷局:家长究竟该如何教育自己的子女?家长应该怎样成为更好的自己?良好的家庭教育应该是什么样的?

前不久,杭州、成都、深圳等地出现了给教育子女的家长颁发"合格证"或授予"执照"的现象。它在一定程度上会促进部分家长努力学习和提升素质。欣喜之余,我们不禁要问:家长"合格证"制度真的可行吗?

仔细了解后发现,那些"合格"了的家长只是完成了一些考试题目,通过了一次考试而已,这样的家长在实践中真的就能教育好自己的孩子吗?目前,市场上还流行着一些专家咨询和指导,一些所谓的资深心理专家或教育专家经常通过各种会议、辅导站给困惑中的家长们支着,提出了诸多看似可行的"专家建议"。

然而,这些专家大多属于家庭教育方面的"成功人士",他们的方法仅仅在教育自己孩子的身上起了作用,但用到别的孩子身上却未必生效。这是因为环境变了,教育主客体及其相互关系变了,加上每个孩子又是独特的个体,如何能找到放之四海而皆准的"教育秘诀"呢?要教养好自己的孩子,恐怕还得家

① 朱迪斯·哈里斯.教养的迷思[M].张庆宗,译.上海:上海译文出版社,2015.

长自己来。

那么，究竟什么是幸福的人生呢？

中国家庭教育的重心在于孩子，孩子教育的重心在于学习和考试。在大多数家长看来，教育好孩子，无非让孩子考上名牌大学，找到体面的工作，过上富裕的（中产阶层）生活。人人渴望幸福，幸福的人生是人人向往的，每位家长都想方设法让孩子有一个美好幸福的人生。但富裕之后就真的幸福了吗？

我看未必，大量事实证明也的确如此。

德国哲学家阿图尔·叔本华在其《人生的智慧》一书中告诉人们“如何才能幸福地度过一生”①。他认为：决定人类命运的根本差别取决于三个方面：什么是人、人有什么、人在他人眼中是怎样的。幸福的本质在于“人”，集中精力保持健康、培养能力，无疑要比一心积累财富更明智。人应该最大限度地利用所具有的个人品质，并遵循符合个人品质的方向去追求发展。

很显然，叔本华非常强调人的个性品质发展，同时也认为幸福不在于积累财富上的。他也告诉我们一个“幸福秘诀”：关注人的个性品质修养，只有个体身心愉悦，才是幸福的真正源泉。

英国哲学家罗素在其所著《幸福之路》中也论述过什么是“幸福的人。”他认为：能得到爱是幸福的一大原因，但索要爱的人，却并不是会被赐予爱的人。说得广泛一些，得到爱的人就

---

① 阿图尔·叔本华. 人生的智慧[M]. 木云，林求是，译. 长沙：湖南人民出版社，2015：7.

是给予爱的人。他还说，快乐地生活在极大程度上是和美好生活一样的。

美国有一项从20世纪30年代开始，持续75年追踪了268位哈佛学生的人生研究，最后得出的结论是：对于幸福的人生，爱、关系最为重要，而不是我们通常以为的金钱、权力、地位。此外，哈佛大学最受欢迎的幸福课《幸福的方法》也解释了什么是幸福，又告诉我们寻找幸福的方法，可谓实用之至。当然，幸福的人生是快乐的、自由的、完美的、美好的，也是需要付出努力的。

由此看来，教养孩子过一种幸福的生活就成了家庭教育中的“重中之重”了。一方面，家长要教养好子女；另一方面，家长需要自我修养和成长。这要求家长既要保持清醒的头脑，能自省自查，又要具有科学的教育方法，能教子有方，甚至要懂得“智慧教育学”的原理和方法，学会智慧地教育孩子。

家长要教养好子女，首先要给予孩子正确、恰当的爱，也要让孩子学会爱的方法。家长对孩子的爱是有原则、有规则、有分寸的，要做到严慈相济，相得益彰。家长教孩子去爱，是要教孩子去热爱生活，热爱生命，热爱社会，热爱大自然，当然，更要爱自己、爱家人、爱同伴。爱是相互的，相信每位家长对孩子付出爱的同时也都收获了孩子的爱。

家长还要给予孩子充分的尊重和信任。跟孩子说话时多商量、少命令，孩子做错事时多原谅、少训斥。有人说，尊重和信任是大人给孩子的最好礼物。家长如果给予孩子充分的尊重和信任，也会换来孩子对家长的尊重和信任，因而，孩子就会建立起自信、自尊、自强的个性品质，为走向成功和拥有幸福人生迈出重要的一步。

家长更要让孩子养成应对复杂生活环境的能力。每个孩子未来的人生道路都需要孩子自己去走。家长需要做的就是帮助孩子养成勇敢面对复杂生活环境的应对能力。这些能力包括：养成良好的生活卫生习惯、学会自我管理好时间、学会适应新的生活环境、学会处理好人际关系、学会承担家庭和社会责任等。所有这些能力都需要从小培养。

家长如要做到自我修养和成长，至少应从以下三个方面努力：一是自省；二是赋权；三是增能。家长首先要不断学习，并保持清醒的头脑和先进的思想，这样才能生成科学的教育理念和方法。

中国家庭教育生活中，不同的父母类型对应着不同的教养方式，也体现了不同的权力关系。专制、放任、溺爱、忽视等类型的家庭教养方式，都会导致家长对子女人格、尊严、权利、自由、自主缺乏基本尊重，说到底，是家长没有行使好教育的权力，同时也使孩子失去了一定的成长权利、幸福权利、抗挫折权利、自由释放天性权利。

中国当前需要建构科学合理的家长学习课程体系，让家长参与实践和反思。我们既要借鉴国外家庭生活教育与儿童发展的先进理念，又要继承和吸收中国传统家庭教育的精髓，建构新时代家长养成教育课程体系。在学习过程中，应从家长的教育意识开始，激发家长自觉自省，并以家长为学习的主体，建立和转换家长的话语体系，生成家长自身的教育观念和思想。

政府与社会要不断规范和建立有资质的家庭教育认证和研究中心，推动家长成长实践，形成社会合力，共同促进家庭教育、学校教育和社会教育的协同进步，使每个孩子都能拥有一个幸福完美的人生。

三、学习需要什么样的条件？

美国著名教育心理学家罗伯特·加涅（Robert Mills Gagné，1916—2002）在其《学习的条件》一书中告诉我们，学习的结果包含五个方面的技能：智力技能、认知策略、语言信息、运动技能和态度。他认为，为了获得这些素质，就需要建立相应的一些条件。

我们现在谈论的“学习条件”当然想包括学生学习要具备的所有物质条件和心理条件，但是，当今天的家庭已经具备了足够的物质条件和良好的学习环境时，我们要了解的就只剩下提高或改进学生学习的心理条件了。这方面，既有古人留给我们的丰富的精神文化遗产和思想启迪，也有现代教育和心理科学给我们的各色各样的有效的指导，如何将它们有机地结合在一起，形成对学生学习十分有用的信息和启发，是十分重要和有意义的。

1. 你给孩子思考时间了吗?

"学而不思则罔,思而不学则殆。"

——孔子

"学而不思则罔,思而不学则殆"这句话出自孔子的《论语》,意思是说:只学习却不思考就会感到迷惑而无所得,只思考却不学习就会精神疲倦而无所得。孔子这句话告诫今天学习的人,思考与学习相伴随,缺少一方都将一无所获。

很多家长和老师经常抱怨现在的孩子不会独立思考,也有很多家长教育孩子的方法简单粗暴,不能有效地激发孩子的求知欲望;很多老师在教学过程中采用灌输讲授的方法,无法启发学生主动学习。这些方法都没有给孩子积极思考、主动探索的时间和机会,是非常可惜的。

案例

给孩子一点思考的时间

一个6岁的男孩对"电"很感兴趣。

有一天,他竟然拿着一根小铁丝要去试接线板的插孔,看有没有电。这时,爸爸看见了,发现了孩子的行为很危险,但没有大声叫孩子马上住手,而是快速走到他身边,问道:"宝贝,你在玩什么好玩的东西?来,爸爸给你找个东西,比小铁丝更好玩。”说着，爸爸带着孩子去另外一个房间找来了一支测电笔。孩子用测电笔去接触接线板的插孔，测电笔的指示灯立刻亮了，当测电笔离开插孔时，指示灯又熄灭了。

看到这种奇怪的现象，孩子拍着手一边跳一边喊：“真好玩，真好玩！”

这时，爸爸才认真地对孩子说：“儿子，你手里拿的这个小玩具叫测电笔，它是用来检测电线、接线板是否有电的。实际上，它不是玩具，是用来防止触电的工具。你知道爸爸为什么不让你用小铁丝做这个游戏吗？”

孩子若有所思地摇摇头。“因为电是很可怕的，它会通过小铁丝传到人的身体，会把人电得很痛，甚至会把人电死呢。”爸爸继续说。

“那为什么用测电笔去触电，人就不会死呢？”孩子歪着小脑袋问。“儿子，你这个问题问得真棒，爸爸问你，电线的外皮是用什么材料做的？”“塑料呀。”

“对呀，塑料能够包住电，所以电线中的电才不会跑出来。测电笔的把手也是用塑料做的，就把电隔离啦。”

孩子听了爸爸的解释，说：“我知道了，不能随便去碰电，会触电的。”

分析

遇到这样危险的事，普通家长会怎么做呢？有的可能会赶紧上前大声制止；有的可能会赶紧夺过孩子手上的铁丝；也有

的会忍不住狠狠教训孩子一番。

而这位6岁男孩的父亲，并没有像这些家长一样批评或训斥孩子，反而拿来测电笔引导孩子做测电的“游戏”，并让孩子真正懂得用铁丝接触接线板插孔是十分危险的事。

父亲引导孩子做“试验”，孩子不仅体验到了乐趣，而且学到了知识，更重要的是学会了思考和提问。父亲就是通过激发6岁孩子思考和提问来教会他学习和探索的。

建议

新时代的家长，都要学会做智慧型的父母，这样才能在自己与孩子之间建立信任及爱的桥梁，保护孩子积极求知、探索世界奥秘的兴趣，引导孩子爱思考，能自立，使他们成为更成功、更快乐的人。

父母在教孩子思考的过程中，激励是非常关键的。因为没有激励，要交给孩子任何东西都是困难的。家长始终要避免判断是正确还是错误。

父母最好能帮助孩子们把思考变成一种爱好或运动。一方面，孩子们可以通过思考练习来锻炼和运用自己的头脑；另一方面，发展出更好的思考技巧对孩子们来说既有社会意义，还会充满乐趣。

父母要多为孩子创造思考的情境，并鼓励孩子多问为什么，从而锻炼孩子的独立思考能力。闲暇之余，多带孩子去自然环境或者博物馆游览，看到未知事物或者课堂内容之外的信息，家长多提出问题，让孩子尝试回答。平时遭遇的突发事件，也可以让孩子尝试如何应对和解决。

对于想进一步训练孩子的思考能力的家长可以去阅读英国学者德·博诺写的《六顶思考帽》[①]《教你的孩子如何思考》[②]等书籍。其中，“六顶思考帽”讲的是：白色、黄色、黑色、蓝色、红色、绿色六种颜色的帽子分别代表一种思考和争论问题的方式。戴上其中一顶颜色的帽子，就按照一定的方式思考问题，而与其他方式的思考并行、不冲突。

六顶思考帽是一个操作简单、经过反复验证的思维工具，它给人以热情、勇气和创造力，让每一次会议，每一次讨论，每一份报告，每一个决策都充满新意和生命力。运用德·博诺的六顶思考帽，将会使混乱的思考变得更清晰，使团体中无意义的争论变成集思广益的创造，使每个人变得富有创造性。

六顶思考帽[③]

① 爱德华·德·博诺. 六顶思考帽：如何简单而高效地思考[M]. 马睿，译. 北京：中信出版社，2016.

② 爱德华·德·博诺. 教你的孩子如何思考[M]. 冯杨，译. 太原：山西人民出版社，2008.

③ http://image.so.com/i? src=360pic_normal&z=1&i=0&cmg=eea600311770e6e9ee2dd0a88fe79411&q=%E5%85%AD%E9%A1%B6%E6%80%9D%E8%80%83%E5%B8%BD. 2018-04-15.

规律

无论是孩子还是成人，学习的同时也伴随着思考。善于思考的人必然善于学习。学会积极思考就意味着学会了主动学习。

独立思考能力强的孩子，往往具有较强的好奇心。作为家长，不仅要尊重，更应努力激发他的好奇心，使其延展为强烈的求知欲。对孩子提出的问题，要有条理地给予答复。这对培养孩子的想象力、思维能力有很大的帮助，使孩子保持强烈的求知欲和好奇心，从小养成勤于思考、勇于探索的好习惯。独立思考能力一旦开启，就会更乐于并善于学习，探究其中的道理以及思考怎样与世界发生联系。

思考与学习密不可分，而且思考也是非常有趣的事情。关键要合理地运用和组织不同的思考方式，达到较好的学习效果。

2. 什么样的家庭学习环境才是最好的？

“染于苍则苍，染于黄则黄。”

——墨子

“染于苍则苍，染于黄则黄”，这句话出自战国时期墨子的言论，意思是丝放在青色染料里变成青色，放在黄色染料里变

成黄色。现用来比喻环境对人的影响是巨大的，有时甚至起到决定性作用。因此，在一定家庭环境中成长的儿童，会受到特定的环境影响，而在不良的家庭环境中学习和成长的孩子很难做到“出淤泥而不染”。

环境对学习到底有多大的影响？中国古代“孟母三迁”的故事几乎家喻户晓。但古代人似乎只是假设了环境对人的学习和成长有影响，至于是怎么影响的，并没有科学的实验去证明。

中国家庭“望子成龙”的教育思想根深蒂固。当前，越来越多的家长重视和努力为孩子创造良好的家庭学习环境，而且日益兼顾物质环境和心理环境的整体营造。在物质环境一时还达不到较高要求的家庭，更要注重心理环境的创设和影响。

近几年，人们关于“寒门难出贵子”的问题讨论得比较热烈，赞成和反对的人都比较多。实际上，古今中外，从寒门走出逆境而获得成功的例子也数不胜数，所以，判断一个人成功的因素绝不能仅仅从他（她）出生的家境和社会阶层来看。虽然说，出身寒门决定了一个人起初学习的各种环境，但是一个人的潜能是无限的，一旦他（她）的潜能迸发，主观能动性得到了发挥，他（她）将克服重重困难，无往而不胜。

无论如何，给孩子创造一个良好的家庭教育环境几乎是每一位家长的心愿。

现代家庭教育环境①

案例一

小瑞的成绩为什么下滑？②

小瑞自从初二开始出现成绩下滑，从年级前十名落到年级中下水平，孩子和家长都非常焦虑。详细了解后才知道，小瑞初二时有两次考试没能考到前十名，父母便给他增加了很多课外作业，希望孩子能把成绩赶上，但做不完的作业让小瑞渐渐开始厌恶学校，厌恶学习。另外，他又希望得到父母的赞赏，便压抑自己的情绪，用“死读书”的方式来学习，非但成绩没能提升，还出现了一些心理上的问题。

①② http://mp.weixin.qq.com/s/Mn28WU2dELuDWDU4AM04Tw.

案例二

凌乱的家庭环境对孩子的学习会有影响吗？[①]

儿子放学回家常把书包一扔，里面的书散落得到处都是。我每次都很生气，有一次，因为书到处乱放，临去学校前找不到了。我生气地说："让你到处乱放，真不知道你这臭毛病跟谁学的。"儿子说："还不是跟你学的，我只不过弄丢了几本书，那咱家这么乱应该怪谁？"

他说完，我看了一眼房间，整个客厅非常凌乱，卧室里更是杂乱不堪，被子没有叠，鞋子到处乱放，我真不敢相信这是自己的生活环境。我和妻子对于家里很少收拾。每次回家，我感觉自己都累瘫了，躺在沙发上刷微信、朋友圈。刚开始，妻子还会稍微收拾下，但后来她也厌倦了，因为每天的工作也让她很累。

时间久了，我们养成了懒惰的习惯，除非家里来客人，否则绝不收拾。躺在沙发上什么也不想做，甚至喝水都想让 7 岁的儿子帮忙倒。

慢慢地，我们两个人的行为严重影响了儿子，他放学回家后也开始变得懒惰，做完作业就躺着看电视，书到处乱放。其实，家长的行为深深地影响着孩子，他的行为只会比你们更严重，不懂得收拾，不重视个人卫生，甚至没有集体卫生意识。

---

① http://mp.weixin.qq.com/s/AYAYXqjDi8fLBC9UzgM34g.

分析

环境主要分物理环境和心理环境两大类。案例一说的是心理环境对孩子造成的学习压力；案例二说的是家庭物质环境给孩子学习造成的影响。这两方面环境都无时无刻不在影响着孩子的学习。

小瑞成绩下降，父母不但没有帮助分析原因、积极鼓励，反而给他增加了很多课外作业。小瑞因来自学校功课及父母的额外作业压力，身心疲惫，开始厌恶学习，出现了穷应付、“死读书”的不良现象，导致学习下降是意料之中的事。

案例二中，由于父母很少收拾家务，也不注意引导和培养孩子干净整洁的卫生习惯，最后导致家庭环境凌乱不堪，儿子变得懒散，也影响了孩子的行为和学习。

建议

家长在给孩子创造良好的物质环境的同时，也要给孩子创造和谐宽松的心理环境，二者相辅相成，缺一不可。

如何给孩子创造良好的家庭学习环境呢？

(1) 建造安静、整洁、舒适的物质环境。整洁的环境能安定孩子的情绪，有利于孩子保持舒畅的心情和集中注意力学习。给孩子创造安静的学习环境的主要目的是让孩子学习不受干扰，能够集中注意力学习。在孩子学习的时候，家长要监督孩子远离电脑、电视机、手机和玩具等会分散孩子注意力的东西，不要让孩子一边学习一边做其他事。另外,孩子学习时,家长也要克制一些,不要在家里看电视、打麻将,大声说笑,以免嘈杂的声音干扰孩子,让孩子难以静下心学习。

(2) 营造勤奋、好学、支持的心理环境。父母是孩子的第一任老师,父母的一言一行对孩子的影响很大。家长勤奋好学,在工作之余也不忘读书学习,刻苦钻研,不断地充实自己,不仅能为孩子树立一个热爱学习的好榜样,也在无形中传达一个暗示:学习是一件很重要的事情。在父母潜移默化的影响下,孩子会在不知不觉中提高对学习的兴趣,自觉地加入父母的行列,一起努力学习。因此,父母要以身作则,率先学习,在家中营造爱学习的氛围,为孩子树立学习的榜样。

(3) 创造温馨、和睦、融洽的家庭学习环境。温馨和睦的家庭环境有利于孩子的身心健康成长,能给孩子足够的安全感,让孩子心无旁骛地投入学习中。因此,父母要努力为孩子创造一个温暖、和谐的家庭环境。夫妻之间要相互尊重,相互理解,即便发生矛盾也不要当着孩子的面争吵,以免让孩子感到焦虑和不安。父母要多和孩子沟通,尊重孩子,让孩子亲近和信赖,成为孩子最好的朋友,这样,当孩子遇到学习上的难题时,也愿意向父母倾诉,和父母一起寻求解决的办法。

(4) 父母既要让孩子从小养成良好的学习和生活习惯,更要让孩子学会吃苦耐劳。艰苦的环境能够磨炼人的意志。父母应该首先为孩子树立好的榜样,遵守作息时间,按计划完成任务,养成良好的生活习惯。父母对孩子不能一味地溺爱和迁就,可以定期带领孩子跑步、爬山等,利用恰当的时机培养孩子的耐力和意志。

让孩子从小学会生存能力很重要。据考察，日本孩子在假期里，大多活跃在孤岛和大森林中。他们经常三五成群，在没有任何老师和家长的陪同下在野外生存，有时候，孩子们靠挖野菜、喝雨水而生存下去。他们的父母并没有阻止和反对，反而鼓励和支持他们勇敢地接受挑战。

规律

相比家庭物质环境，许多中国家长不太关注家庭心理环境氛围的营造。中国教育科学研究院对北京、黑龙江、江西和山东四省市 2 万名家长和 2 万名小学生进行的家庭教育情况调查显示，中国家长最关注孩子“成才”，而不是家庭教育的终极目标——“成人”①，对建立亲密的亲子关系、营造良好的家庭文化氛围的重要性认识不足。

很多家长误认为孩子作业量大就会带来好的成绩。由于害怕孩子在学校学不够，很多家长都会在周末、课余给孩子补课“加餐”。调查发现，近九成小学生在上各种“班”，每天有课外辅导班作业的小学生高达 81.50%。这样的效果怎么样呢？调查发现，无论是成绩好的孩子，还是成绩差的孩子，对周末补课的作用，都一致认为“不知道”“说不清楚”，这恰好证明了美国关于家庭作业问题专家的研究成果——更多的家庭作业时间不一定带来更好的学习成绩。

---

① http://mp.weixin.qq.com/s/a1Ypv9YHUL8v63bB7Yy-dQ.

学习环境最终还要靠孩子去适应和创造。学习是人与环境保持平衡、维持生存和发展所必需的条件，也是适应环境的手段。人类具有动物不可比拟的学习能力，可以迅速而广泛地通过学习适应环境，更会主动地改造环境，以利于自身的学习与生活。1972年，联合国教科文组织国际教育发展委员会发表著名的研究报告，题为《学会生存》，就把学习同生存紧密联系在一起，可见学习对人类生存的重要性。

3. 谁是你最重要的学习伙伴？

"即使是最好的儿童，如果生活在组织不好的集体里，也会很快变成一群小野兽。"

——马卡连柯

著名教育家蔡元培先生在《中国人的教养》一书中专门论述过交友、合群等的重要性。他认为："朋友可以使人减少痛苦而增加欢乐。即使非常快乐的事情，如果没有志同道合的人共同欣赏，那么其中的乐趣也就有限；在抑郁的时候，如果有一个好朋友抚慰他的寂寞，一起分担忧愁悲伤，那么胸襟因此开阔，前后几乎就像两个人。"①

《学记》中有一句名言，叫"独学而无友，则孤陋而寡闻"。意思是说，如果学习中缺乏学友之间的交流切磋，就必然会导

① 蔡元培. 中国人的教养[M]. 周瑶，译. 成都：四川出版集团，天地出版社，2012：163.

致知识狭隘,见识短浅。古今中外许多善于读书治学并成大器的人,大多重视结交学友,在讨论交流中获得进步。我国古代思想家孔子也说过:“三人行,必有我师焉;择其善者而从之,其不善者而改之。”意思是说:别人的言谈举止,必定有值得我学习的地方。选择别人好的学习,看到别人的缺点,反省自身有没有同样的缺点,如果有,加以改正。

法国有两位著名的科学家,一位是普鲁斯特,另一位是贝索勒,为了探索化学上的“定比定律”,他们激烈地争论了 9 年,最后,普鲁斯特获得了成功,但他把一半功劳归功于贝索勒,他说,由于贝索勒对他的观点提出的种种质疑,才激发了他的智慧,迫使他更加深入研究“定比定律”。英国戏剧大师萧伯纳说过:“如果你有一个苹果,我有一个苹果,彼此交换,那么每人只有一个苹果;如果你有一个思想,我有一个思想,彼此交换,我们每个人就有了两个思想,甚至多于两个思想。”①

案例

同室四友共赴清华②

几年前,新闻报道过华师大二附中有一个“最牛寝室”,四个男生,当年全被保送清华大学。这四名成员分别是:小范、小胡、小施、小徐,其中小范是班长。

---

① 肖卫.为你自己读书[M].北京:中国华侨出版社,2007:196-211.

② https://www.bestb2b.com/news_artical_11940.htm.

因为都是搞物理竞赛的，四位室友之间的关系却更多的是“战友”。三年间，许多日日夜夜是在探讨一个个学术问题中度过的。“每个人的学习方法是不同的，有的人理解力比较强，看教材就能掌握知识点；有的人注重解题，注重多操练。”

让人意外的是，四位同学都对文史哲感兴趣。四个人中，小施爱读《西方哲学史》，小范床头放着本《蒙田随笔》，小徐和小胡则对《全球通史》与《梦的解析》情有独钟。每个人各有自己关注的领域和感兴趣的方向，却在一间寝室里营造了不错的人文氛围。

网络上，除了羡慕“一群牛娃”之外，更多网友开始研究起“牛因”。“最牛寝室”的一位成员告诉记者，四个人的性格各有千秋，但总体上都属于那种比较静得下心来的人，寝室里的学习气氛很浓。虽然都是搞物理竞赛的，但你我之间是相互促进的关系，并不像有些人想象的那样靠打压对方来抬高自己。

四个人还约定，将来可以经常找时间碰面聚会，实体的寝室没有了，虚拟的寝室还会继续存在。“我们还会怀念四个人一起探讨学术问题的美好时光，还会经常一起互通有无，把良好的学习‘小环境’和脚踏实地的学习习惯带到清华去。”

分析

共同的兴趣爱好使四位同学紧紧地团结在一起。他们同住一个宿舍，一起参加物理竞赛，同样都对文史哲感兴趣，而且能够做到相互帮助和促进，的确难能可贵。

当然，四个人之间肯定也存在着学习竞争。但这种良性竞争使他们能够相互促进，在宿舍里形成了较好的学习氛围，他们“比学赶帮超”，使得他们在学习上都能很快取得进步。

人各有所长，也各有所短，在学习交流过程中可以较好地取长补短。在学习过程中，同学之间的相互交流，既是才能和学识的互补，又是智慧和创造力的递增。学习刻苦认真并富有创造精神的人的相互交流和砥砺，无疑可以激发学习者浓厚的钻研兴趣，诱发出新的创造力。

建议

家长和老师都应积极鼓励和帮助孩子与同学友好相处，结交学习上的亲密伙伴。帮助孩子寻找和建立与伙伴、同学之间的共同兴趣爱好，引导他们在学习和课外实践活动中开展友好竞争、合作、协商、交往。

家长应引导孩子学会关心和帮助别人。日常生活中，除了要让孩子学会关心自身健康，保护自身安全外，还要替他人着想，主动帮助他人。而当你告诉孩子要乐于帮助他人时，孩子就会成为一个有爱心、善良的人。“助人者，人恒助之。”帮助他人，其实也是在帮助自己，多帮助他人，能让孩子更健康地获得一种良好的同伴关系。

激励孩子遇事勇于承担责任。当与朋友交往时出现错误，要勇于承担责任，如果伤害到了对方，要诚恳道歉。这样不仅可以弥补过失、化解矛盾，还能促进双方的心理沟通，缓解彼此关系。

家长还应该陪伴孩子学习和成长，鼓励和指导孩子在学好功课的同时，广泛阅读课外书籍，与孩子一道成长。

规律

良好的人际关系有利于学生更好地学习。学生的人际关系主要是指与同学和老师之间的关系，除了建立和谐民主的师生关系外，还要积极主动构建友好互助的同学关系。良好深厚的同学情谊不仅对当下学习帮助很大，而且有利于成为终身关系密切的益友。

学生在学习中交友可能会遇到很大的困难和挫折。这是因为，现在的学生大部分是独生子女，其中不少学生养成了自以为是、傲慢、自私自利的性格，这就给同学之间相处带来了一定困难，甚至挫折。需要家长仔细分析每个孩子的特点，帮助孩子克服障碍，敞开心扉真心交往。

集体学习能够营造较好的学习气氛。苏联教育家马卡连柯倡导集体主义教育的“平行教育影响”，把集体和集体教育看成是全部教育理论的首要的和关键的问题。集体教育后来成为社会主义道德教育的重要原则之一，有效发挥集体在促进学生相互尊重、相互学习的教育力量。

4. 孩子学习生涯中最应该感谢的人是谁？

“教师的职业是一门研究人的学问，要长期不断地深入人的复杂的精神世界。”

——苏霍姆林斯基(《给教师的建议》)

看过法国音乐电影《放牛班的春天》的人，可能都会对克莱门特·马修老师印象深刻，他用自己的方法改善学校混乱局面，他重新创作音乐作品，组织合唱团，用音乐的方法打开学生们封闭的心灵，让“放牛班”迎来了春天。

法国影片《放牛班的春天》①

现实中，也有类似的老师，上海浦东新区洋泾中学的音乐老师刘芳就是其中的一位。

案例

把音乐“白丁”带上世界领奖台②

2014 年 4 月 13 日，《解放日报》报道了一则关于上海市浦东新区洋泾中学音乐教师刘芳指导学生合唱团的新闻。

---

① https://baike.so.com/doc/6747190-6961736.html，2020-10-11.

② http://newspaper.jfdaily.com/jfrb/html/2014-04/13/content_1158177.htm，2020-11-1.

一支创建仅6年的学生合唱团，屡屡出国参赛，从世界合唱协会手中捧回金奖。这支男声合唱团里，不少孩子加盟时只是“白纸一张”，唱着《国歌》参加海选，却在3年内唱出了专业水准，赢得国内外评委的一致褒扬。掌管洋泾中学男声合唱团的是一名“女教头”，名叫刘芳。

刘芳老师上大学时主修专业是琵琶，但古筝、柳琴、钢琴、手风琴也样样精通。

刘芳进校时，恰逢洋泾高中与初中脱钩，原本颇具特色的校管弦乐团一下子没了着落。然而刘芳心有不甘：“高中学生压力大，搞点艺术既能丰富修养，又能舒缓压力，叫停多可惜？”

2004年，她创办了洋泾中学“白桦林话剧社”；同年创办了“今典音乐社”，并成立了洋泾中学男声表演唱小组；2008年10月又创办了洋泾中学男声合唱团，成为上海市中小学首个男声合唱团。

洋泾中学主楼的大厅里，有一架钢琴。无论是课间还是午休，都能看到合唱团的学生三五成群，自发地弹唱练习。凭借音乐特长顺利考进上海财经大学，如今已顺利踏进职场的王峻，至今仍不时回味：“合唱团播撒阳光，成为影响我一生的生活方式。”

与人员固定的专业合唱团不同，每年高三学生毕业，刘芳都要从高一新生中补充五六十名“新苗”。“很多声线条件好的孩子，在音乐素养方面几乎是‘白丁’。”这话并不夸张。

从小到大，很多孩子难得“放声歌唱”，最熟悉的是每周升旗时唱的《国歌》。刘芳就用《国歌》在全校“海选”合唱团成员：“每个人都大声唱，节奏感、声音条件等都能够体现出来。”

很多学生“连自己都不敢相信”，建团仅一年后，洋泾中学男声合唱团就获得了“歌韵东方”青年同声合唱组金奖；两年后，首度出国参加第27届舒伯特合唱比赛，即获“青年同声合唱”组别金奖；如今，每届上海之春国际音乐节和上海国际夏季音乐节，都应邀演出……建团至今，洋泾中学已有近60名学生靠着唱歌的“小本领”，获得特长加分，考进复旦、交大、财大等名牌重点高校就读。

自2005年起，刘芳连续8个暑假没有休息过。自2008年成立男声合唱团以来，每年国庆、中秋等节日也都陪学生排练，早上9点排练到晚上9点是家常便饭。一次刘芳患感冒，戴着口罩指挥学生排练，“连平时最调皮的孩子休息时都反常地安静。”心与心交织出的天籁之声，令全体师生动容。

分析

这个案例说明：优秀的教师是学生最好的榜样，能促进学生更好的学习和发展。孔子曰：“三人行，必有我师焉。”当今学生的学习仍然离不开教师的教导。

教师的音乐素养、教学责任及道德水平决定了培养学生的

素质。刘芳老师毕业于安徽师范大学音乐系，专业功底扎实，且擅长多种乐器演奏；更重要的是，她教学一丝不苟，关心每一位学生成长，赢得了学生的爱戴。

良好的师生关系有利于促进学生的学习和发展。案例中的刘芳老师多年放弃节假日休息，不顾自己患上感冒，坚持陪学生排练合唱，感动了学生，也提高了学生合唱团的表演水平。

建议

“因材施教”是教师教育学生的最重要原则和方法。日本作家黑柳彻子的《窗边的小豆豆》中的巴学园、英国尼尔创办的自由学校——夏山学校都遵循了这一原则。因材施教并非要缩小学生的差异，而是要最大限度地照顾到学生的差异。在有效的因材施教策略影响下，学生学习水平的发展差异可能会更大。教师对于不同水平的学生应设计不同的发展计划，这样才能有意识地进行培养，使得低潜能者能够发挥出潜能，高潜能者发展得更快。

教师需要有超强的敬业精神和良好的师德素养，教师还应不断提升自身的教学水平和技艺。教师是学生的示范和榜样，教师的水平和德行决定了学生的修行程度，因此，教师职业发展就是一个不断提升素养以求达到更高境界的过程。

教师应关心学生成长，与学生友好相处，构建和谐的师生关系。良好的师生关系要求师生之间形成良性的互动，即师生共同参与教育。因为只有教育的教学指向与学生的学习动机趋于一致时，才能达到最佳的教育教学效果。

规律

亲其师，信其道。热爱学生是教师的天职，也是教师职业道德的核心和基本要求。只有真正关心和爱护学生的教师才会使学生亲近，也才会使教师的教学活动对学生产生有效的影响。苏联文学家高尔基曾说过：“谁爱孩子，孩子就爱谁，只有爱孩子的人，他才懂得教育孩子。”

教师的素质决定了学生的成长。教师不仅要知识渊博，“术业有专攻”，还要具备高尚的道德情操和人格魅力。宋代理学家朱熹的《观书有感》中有两句诗：“问渠那得清如许，为有源头活水来。”意思是这半亩方塘为什么这么清澈呢？因为有源头活水不断地补充进来。这句诗用来比喻教师必须不断地学习，才能教给学生更多的知识。

教师或家长要善于运用教育机智。加拿大学者马克斯·范梅南在其名著《教学机智——教育智慧的意蕴》中回答了教师的“教育机智是怎样表现出来的”这一问题。他认为，教育机智表现为克制、对孩子体验的理解、尊重孩子的主体性、“润物细无声”、对情境的自信、临场的天赋，等等①。

那么，“教育机智能做什么呢？”他认为，教育机智保留了孩子的空间、保护那些脆弱的东西、防止伤害、将破碎的东西变成整体、使好的品质得到巩固和加强、加强孩子的独特之处、促使

---

① 马克斯·范梅南. 教学机智——教育智慧的意蕴[M]. 李树英，译. 北京：教育科学出版社，2001：196-211.

孩子的学习和个性成长，等等①。在论述克制时，他说："有些时候，最好的行动就是不采取行动。"②

5. 拿什么来报答您，我的父亲母亲？

"我们如何看一个孩子和我们看到什么，取决于我们和孩子的关系。"

——马克斯·范梅南③

"舐犊之情""跪乳之恩"，这些话尽管说的是动物之间的关系，却可以用来类比人类的感恩与疼爱。

什么是爱？爱与教育的关系是什么？家长们始终想弄懂爱与教育的关系。著名教育专家孙瑞雪所著《爱和自由》告诉我们爱和自由到底是什么。她告诉我们给孩子的爱是简单的，但又不是轻易能够做到的，爱是一门艺术，也需要不断学习，同时要了解孩子的成长规律和精神建构过程，才能真正给予孩子需要的爱。

意大利教育家亚米契斯耗时10年写成的《爱的教育》一书采用日记体的形式，讲述了一个叫安利柯的四年级小男孩的成

---

① 马克斯·范梅南．教学机智——教育智慧的意蕴[M]．李树英，译．北京：教育科学出版社，2001：211-226.

② 马克斯·范梅南．教学机智——教育智慧的意蕴[M]．李树英，译．北京：教育科学出版社，2001：197.

③ 马克斯·范梅南．教育的情调[M]．李树英，译．北京：教育科学出版社，2019：33.

长故事，每章每节都把“爱”表现得精细深入、淋漓尽致，大至国家、社会、民族的大我之爱，小至父母、师长、朋友间的小我之爱，处处扣人心弦。可以说，作者用爱的钥匙，打开了人们的心扉，用爱的眼光和笔触给我们传达了最美好的生活和心灵。

父母应将对子女的爱融入教育中，不要让孩子感到是被逼迫而学习。许多中国父母对子女尤其溺爱。这方面的例子不胜枚举。

被宠坏的中国式子女①

案例

许多父母在不知不觉中培养“白眼狼”②

星期天的晚上，饭菜已经上桌，我呼唤女儿：“吃饭啦。”“等一下。”，她回答。

---

① http://www.360doc.com/content/16/0514/06/2540257_558955907.shtml，2020-11-12.

② https://mp.weixin.qq.com/s/tjWy7NZsiBpI8LnnsCMEFA，2020-11-12.

我先吃了。几分钟后，女儿走过来，看了一眼桌子，问："我的饭呢？"伴随着的是一副愤愤不满的神情。

我心里一惊。她的表情，她的诘问明明在告诉我：你应该为我盛好饭的，为什么不给我盛饭呢？

7岁的她明明可以自己盛饭，为什么理所当然地认为我要为她盛饭呢？

我立刻找到了原因。虽然我一直警告自己不要替孩子做太多，让孩子学会为自己负责，但是我仍然和许多母亲一样，不知不觉替孩子做了许多。

以前我一直替她盛饭，以至于她认为盛饭这件事是妈妈应该为她做的，所以她不但不感激我一直以来替她盛饭，反而因为今天没给她盛饭不满起来。是啊，既然是妈妈应该做的，她怎么会感激呢？

我意识到这是在助长女儿的"受之无愧感"。

我可不想将女儿养成"白眼狼"。我养育她是我作为母亲的职责，不图她的回报，但是如果她长大后认为我替她做的一切都是理所应当的，如果我哪天做少了，或者不做，她就怨恨我……那将是我的悲剧。

于是，我告诉她，妈妈刚才反思了一下，可能我以前一直替你盛饭，使你觉得为你盛饭是妈妈应该做的。我觉得这样很不好。从今天开始，盛饭就是你自己的事，应该由你自己盛。

从那以后，我更加警惕是否替她做了太多，经常提醒自

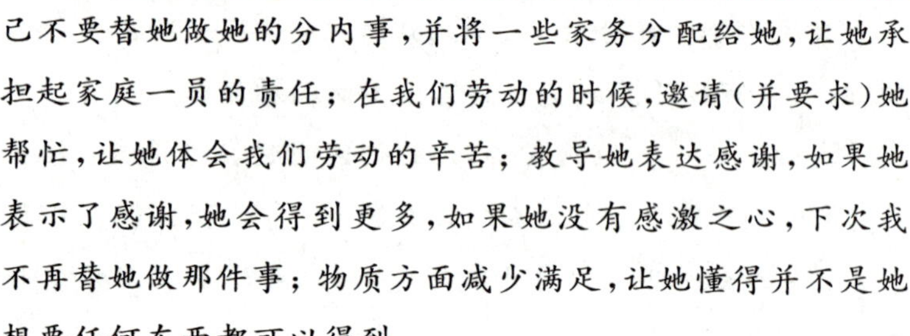
己不要替她做她的分内事，并将一些家务分配给她，让她承担起家庭一员的责任；在我们劳动的时候，邀请（并要求）她帮忙，让她体会我们劳动的辛苦；教导她表达感谢，如果她表示了感谢，她会得到更多，如果她没有感激之心，下次我不再替她做那件事；物质方面减少满足，让她懂得并不是她想要任何东西都可以得到。

分析

由于母亲长期帮女儿做了很多她的“分内事”，导致女儿的“受之无愧感”。有这种倾向的人认为，别人（尤其是亲近的人）应该给他想要的事物，别人给了，他觉得那是人家应该做的，他不知感恩；别人没有给，他就认为别人太不应该，于是就心生不满和怨恨。“受之无愧感”强烈的人，可能变成一只“白眼狼”。

“白眼狼”多用来比喻那些忘恩负义、恩将仇报的人。殊不知，许多中国父母正是在不知不觉中培养了“白眼狼”。可喜的是，案例中这位母亲对于没有帮7岁女儿盛饭而遭到女儿诘问一事做出了反思，明显意识到了中国许多父母不知不觉中在培养着“白眼狼”，毅然决定在自己的家庭里改变这种状况，也取得了可喜的变化。

在当今中国，许多父母在家庭中替孩子做得太多，上学或放学路上，大多数孩子的书包都由父母背着，孩子心安理得地空着手走；衣来伸手饭来张口，不用干家务，只要搞好学习；物质要求被过分满足，许多小学生有了自己的手机和计算机……

这些都是在助长孩子的“受之无愧感”，今天他认为你应该为他背书包、买手机，明天他就会认为你应该为他找工作、买车子、买房子，如果某天你给不了他想要的，他就会心生怨恨。

建议

如果你不想将孩子培养成“白眼狼”，那就千万不要替孩子做太多，不要助长孩子的“受之无愧感”，要教导孩子懂得感恩。

做父母的，要教导孩子学会负责、懂得感恩。一个懂得感恩的孩子，他会感激别人替他所做的，珍惜他得到的一切，觉得拥有眼前的一切既快乐又幸福。

陈鹤琴先生在教小孩方面给我们确立了多个原则①：教小孩要从小做起；做父母的应当教训小孩子顾虑别人的安宁；小孩子在家里应当帮助他的父母做点事情；做父母的应当教训小孩子爱人；等等。这些原则在今天看来也是非常有道理的，必须遵守和学习。

规律

父母为孩子做得过多，就会让孩子产生“受之无愧感”。如果父母事事都为子女代劳，到头来就会培养出不懂得爱的孩子。他们将来不知道去爱别人，不知道去爱自己的父母，处处为自己着想，事事都觉得应围绕着他转。一旦有什么要求得不

① 陈鹤琴.家庭教育与父母教育[M].上海：上海人民出版社，2016：125-142.

到满足，就会大吵大闹。

懂得感恩的孩子才是有教养的孩子。感恩是一个极高的意识形态，它不同于回报。回报是因为你爱我，所以我也爱你，是交换式的给予。可感恩不同，处在感恩中的人会感激世界，感激生命，这样的心态建立在成熟的生命状态之上。一个人能否走向成熟，走向爱和感恩，和他小时候是否得到正确的爱有很大的关系①。

案例一

母亲扬帆，父亲掌舵②

西北大学地质学系 2017 级年仅 19 岁的博士研究生范淼

① 孙瑞雪. 如何让孩子学会感恩？http://blog.sina.com.cn/s/blog_4cc2b9830100prah.html，2020-10-19.

② https://mp.weixin.qq.com/s/ksV9DB8xBJoczZRUq-eoFw，2020-10-19.

范焱，1998年出生，山西大同人。母亲是大同市一所幼儿园的老师，父亲有过煤矿专业教育背景。范焱5岁开始上小学三年级。2013年，他以优异成绩顺利考入西北大学地质学系。2017年成为“本科直博生”。

谈起自己一路来的点点滴滴，范焱满是感恩，认为父母才是他背后的英雄。

“妈妈不光是在我小时候教我简单的学前知识，一直到我高中毕业为止，她都在悉心辅导我学习。”随着他年级逐渐升高，所学内容也变得更多、更难。母亲在工作之余，一有时间，便会拿起儿子的课本，和他一起学习，为他答疑解惑。

范焱从没上过课外辅导班。是母亲的教导与陪伴，让他在学习中获得了成就感，找到了学习的方法与动力。“初三的时候，我的英语成绩比较差。妈妈就陪着我一起做英语阅读题。通过不断对做错的题目进行整理与分析，我的英语成绩有了显著的提高，我和妈妈都特别高兴。”

与西大地质学系结缘，则是受父亲的影响。范焱高考考得不错，“如何填报志愿”就成了他面临的一个重大难题。“我有选择恐惧症！”范焱笑着说。当时他年仅15岁，面对这个人生重要的十字路口，难免不知所措。这时，有煤矿专业教育背景的父亲向他推荐了地质学。这个父亲口中“和大自然打交道”的学科，当时就引起了范焱的兴趣。“西大的地质学系很厉害，我自己又很喜欢西安这座城市，于是就选择了这里。”

不光这次，在面临许多重大抉择时，父亲总会从旁相助，为他分析形势，协助他做出最适合自己的决定，比如这次“直博”的选择。据了解，相比于公开招考的博士生，直博生的学位申请在学分、科研成果等方面要求更高。这对于范焱来讲，是机遇，同时也是一次挑战。

“我把我的担忧告诉了爸爸，他就说了四个字：‘报！怕什么！’”父亲简短有力的回答，坚定了范焱的信心，“我有自信能够脚踏实地，努力克服困难。我年龄还小，有大把时光去拼搏。”

案例二

博士帮环卫工父母扫大街①

田俊涛在帮助父母扫大街②

① 博士帮环卫工父母扫大街：不想被关注，还会继续扫。南方都市报 2017 年 8 月 25 日。

② http://news.163.com/17/0824/19/CSKIV581000187VE.html，2020-11-10.

近日，浙江嘉兴的海盐塘路上，每天都有一位年轻人扫马路。他叫田俊涛，29岁，老家河南。今年9月，他将前往上海同济大学材料科学与工程系就读博士。

田俊涛并不是职业环卫工，而是帮妈妈扫地。因家庭贫困，6年前，田俊涛父母来到嘉兴做环卫工。去年9月，田俊涛也曾来到嘉兴帮妈妈扫地，只不过待的时间没有那么长。考上博士后，今年暑假，田俊涛每天早上帮父母扫马路，减轻他们的劳累。“因为我是农村的，从小就下地干农活，来到城里之后，我妈妈是清洁工，她做的就是这一个工作，我帮她扫地就像在家帮她干农活一样，这都是天经地义的。”田俊涛说。

田俊涛的父母是2011年从老家来到嘉兴当保洁员的。也就是从父母来嘉兴开始，每年暑假，他都会来嘉兴。“相对来说，今年暑假待的时间比较长，6月28日就过来了，9月6日开学才会走，哈哈，所以被大家‘发现’我了呀……”

对于被赞是“接地气”的高才生，田俊涛一直摇头：“一来，不管是本科生、研究生，还是博士生，我都是我父母的儿子，他们在老家种地，我就帮着种地，他们在嘉兴扫地，我就帮着扫地，这不就是儿子天经地义该做的嘛；二来，保洁员是一份值得尊重的工作，我愿意做，跟我是什么学历没有关系。”

田俊涛妈妈说，她和老公出来打工已有多年。“每年一放暑假，他就给我打电话说要来，一来就跟我们抢着干活……”

小田爸爸说，儿子从小就知道省吃俭用，不久前，他还拿出了3万元要塞给我们。“我问他哪儿来这么多钱，他才说这是从上高中至今，自己一直节省下来的，这孩子，能不花的钱绝对不乱花……”

正因为清楚爸爸妈妈心疼自己，田俊涛更心疼父母。“我知道，他们从老家出来打工就是为了我这个儿子，家里经济条件差，他们想帮我多攒点钱……今年他们都55岁了，我帮他们一起扫，这样可以帮他们减轻点儿。”

分析

至少在读高中以前，范焱在学习上受到了父母，尤其是母亲的教育和影响较大。因此，他满怀感恩，非常感激母亲给予他的帮助。正是由于母亲长期的悉心辅导和陪伴，父亲的鼓励，才使他走到了今天。

他也很感激父亲为他指引前进的方向。尽管学习地质学非常辛苦，有时需要翻山越岭、跋山涉水，将来的就业也需要面对各种野外生活的艰难，但父亲仍旧鼓励他学习这个专业，培养他吃苦耐劳的精神。当然，这也是他本科期间的兴趣。这些都坚定了他学习的目标和意志，用他自己的话说：“我们地质人，从来不怕苦。”

田俊涛也是博士生，却在帮妈妈扫马路。他认为，帮妈妈扫地就像在家帮她干农活一样，这都是天经地义的，和学历没有关系。

可以说，两位博士都成才了，也长大成人了，父母的家庭教育对他们产生了较大的影响。孩子就用实际行动去感恩父母，回馈社会。

建议

父母在孩子学习的关键阶段应给予适当的帮助。范焱在小学跳级、初中英语学习、填报高考志愿等关键阶段，都受到了父母的帮助，对他的学习进步起到了关键作用。

父母应着重培养孩子坚毅的品格和吃苦耐劳的精神。原生家庭对孩子的影响较大，尽管家庭条件很普通，但父母就是他们的榜样，只要父母坚持以正直善良的品格做事做人，他们教育出来的孩子也不会差。

许多中国父母并没有较高的文化知识水平，仅凭对孩子的爱就能够建立融洽的亲子关系，这对孩子的发展是极其有利的。他们努力在爱的教育中与孩子建立融洽的关系，教会孩子做人，学会感恩和关爱。

当然，爱是一种艺术，把握好爱的教育“尺度”也很重要，没有爱的教育是残缺的，过分的溺爱也会使得教育偏离航线。

规律

家庭教育在人的一生成长中至关重要。父母是孩子的第一任老师，且终身影响孩子的发展。父母的优良品德和高尚情操对孩子产生较大的影响。

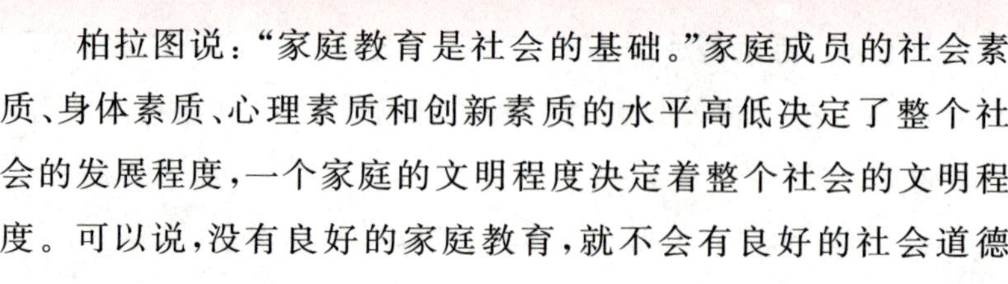

柏拉图说:“家庭教育是社会的基础。”家庭成员的社会素质、身体素质、心理素质和创新素质的水平高低决定了整个社会的发展程度,一个家庭的文明程度决定着整个社会的文明程度。可以说,没有良好的家庭教育,就不会有良好的社会道德之风。

孩子在关键学习阶段,尤其是基础教育阶段,更需要父母的陪伴和鼓励。孩子的学习潜能需要成年人,尤其是父母的发现、鼓励和激发。

爱孩子似乎是父母的天性,它是无私的,也无须回馈。但并不是所有的父母生来就掌握了这门艺术,需要不断学习才能获得。美国心理学家埃里克·弗洛姆说过:“‘爱’同我们掌握其他艺术一样,它是需要学习才能掌握的。”①

① 孙瑞雪.爱和自由[M].北京:中国妇女出版社,2013:49.

四、学习仅仅是掌握知识吗？

英国教育家赫伯特·斯宾塞(Herbert Spencer,1820—1903)在《教育论》一书中,提出了“什么知识最有价值”的疑问,论述了科学知识的价值和在学校教育中的重要性,制定了以科学知识为核心的课程体系。但是,他生活在自然科学刚开始发展及日新月异的时代,而我们的学生早已被“知识爆炸”时代围困,如何学习和借鉴前人留给我们的间接经验,并结合亲身体验以促进自己的飞速发展,成为目前所有家长和教育者要研究的话题。

时至今日,斯宾塞“为完满生活做准备”的教育目的对家长和教师还有多大影响——他们是否还在坚持“你现在努力学习是为了将来更好地生活?”还是已经过度到杜威的“教育即儿童的当下生活”阶段了呢？我们也想通过实例来解读一下。

1. “早学多学”就能赢在起跑线上吗？

“知识就是力量。”

——弗兰西斯·培根

“无知是来自上帝的诅咒，知识是我们借以飞上天堂的羽翼。”

——威廉·莎士比亚

什么是知识？青少年儿童应该学习哪些知识？家长如何帮助孩子快速积累知识？从上幼儿园开始，许多家长就在期望自己的孩子能多学点知识，不仅不想让孩子把时间浪费在游戏（俗称“玩”）上，而且期望幼儿园的老师们教给孩子更多的东西，周末还想再给孩子报几个“兴趣班”，发展孩子的所谓特长。

在中国大多数父母眼中，知识分为“有用”和“无用”两种，“有用”的知识当然要学，“无用”的知识根本不要学。在《认知突围：做复杂时代的明白人》[①]一书中，作者将知识分为四个层次：信息知识、加工知识、体系知识、智慧。想要达到最高层，需要在学习基础信息知识时，多摄入有效知识，建立起自己的知识体系，最后要上升到拥有智慧。这本书的作者还明确指出“知识不是无用，是你不会用”。

知识按照领域划分，可以分为自然学科、人文学科和社会

① 蔡垒磊. 认知突围：做复杂时代的明白人[M]. 北京：中信出版社，2017.

学科三个领域，每一个领域又可以细分为多门学科知识。中小学生要学习各学科基础知识。学习知识是不是越早越好、越多越好呢？旅美教育家黄全愈教授细心观察了中美教育的诸多差异，并以自己的儿子为例，细述了“早学多学”学科知识的弊端。我们可以以此为例，再看看黄教授的分析。

案例一

“早学多学”并非一条适宜每个孩子的捷径①

黄全愈著《走出家庭教育的误区》②

---

① https://mp.weixin.qq.com/s/UN0KdSjYpMq4qL6MEVMqsQ，2020-10-12.

② http://product.dangdang.com/25089351.html，2020-10-12.

早学多学，在国内是一个普遍的现象。刚到美国的时候，我们也是沿用“早学多学”的传统指导儿子矿矿的学习。在国内的幼儿园，矿矿已经学了不少小学的知识。五岁跟我们来到美国后，我们又让他每天自学一些数学。

一年级时，矿矿的数学已经远远超过同班的美国小朋友。我借来小学六年级的数学课本，矿矿一样应付自如。第一学期结束后，我们向学校申请，能不能让矿矿插班到三年级上数学课。不久，矿矿的数学老师来信婉拒说：“我们的目标是培养孩子成为解决问题的能手，学会思考，让孩子把自信建立在他们自己的能力上，从而去珍视数学。”

当时我们心里很不是滋味，也很不服气：能学六年级课本的孩子怎么就不能上三年级的课？

但是，13 年后再来读这封信，才感受到数学老师的话，一语中的，入木三分。矿矿身边那些曾经快马加鞭、“大跃进”式学数学从而在美国孩子面前大出风头的中国孩子，最终大多对数学敬而远之，甚至有望“数”生畏的感觉。

矿矿在高中时完成了大学的微积分，在美国“高考”SAT 的数学考试中几乎得满分。但后来，他谈“数”色变，与数学绝缘。矿矿上大学后，尽可能地避免选修那门曾经给他带来无数荣耀的数学，因为他觉得这是一门无趣也无用的学科。那位料事如神的数学老师真是让我们倒吸了一口冷气。

我们很多人有意或无意地把“早学多学”当成培养孩子的捷径。在我认识、了解的留学生孩子中，只有极少数跟着美国孩子数学课的进度，绝大多数都在数学课上超前或跳级。

矿矿小学三年级就自学了八年级（初二）的数学，初中就跳级到高中上数学。但上大学后，他才自言自语地感叹道：“其实，并不是我们比别的孩子聪明，而是我们比他们学得多、学得早……”

这话从我这个目空一切的儿子嘴里说出来，我的心里滚过一阵强烈的震撼，许久不愿面对这个现实。

咱们中国孩子的所谓“起跑领先”，其实是家长们让孩子在裁判的枪声未响之前“抢跑”，比别的孩子早学先学。比如，现在国内不少学校在假期就预先组织孩子学下学期的课程，许多家长更是大请家教提前补课。不想“输在起跑线上”，所以我们的普通孩子被当成了超常儿童，被家长、老师驱赶着超负荷连轴转。

结果怎样呢？起跑领先，终点落后。孩子童年的荣耀，随着时间的逝去一去不复返。所以，我不认为“早学多学”是一条适宜每个孩子的捷径。

分析

对于习惯了“赢在起跑线上”思维的家长而言，让孩子“早学多学”似乎是一种很自然的选择。连黄全愈教授自己起初也

没有摆脱“不能让孩子输在起跑线上”的想法，到美国后还给孩子增加数学作业、要求老师给孩子跳级等。

黄全愈教授用自己孩子矿矿的实践证明：“早学多学”并非一条适宜每个孩子的捷径。

尽管黄教授的孩子也像其他孩子一样“早学多学”了数学知识，但并没有因此而使孩子在数学学习上有更大的成就和学习兴趣。与父母期望的恰恰相反，他后来谈“数”色变，几乎与数学绝缘。可能是因为长期大量灌输的缘故，他从心底里觉得这是一门无趣也无用的学科。

黄全愈教授认为，起跑领先，最终未必领先，反而会导致终点落后。中国家庭教育秉承的“赢在起跑线上”的思维或理念需要革新。事实证明，美国教师的看法是正确的。孩子学习数学，关键是要培养其解决问题的能力，要让他们学会思考，并萌发和珍视对学习数学的浓厚兴趣。

建议

历史上多数教育家都主张，小孩子要“及早教育”。“及早教育”不代表“早学多学”后天才要掌握的书本知识。同样，“零起点教育”也不代表“零准备”。

着重培养孩子良好的生活卫生习惯，而不是尽可能多地获取知识。英国教育家洛克认为，儿童的恶习都是从小养成的，对儿童应及早管教，一是因为儿童缺乏判断的能力，二是因为当他们精神在最先容易支配的时候，易于形成他们服从自己理智的心理。这里主要指良好行为习惯的养成。

爱因斯坦说过："提出一个问题，往往比解决一个问题更重要。"家长应着重培养孩子独立思考和解决问题的能力。苏联教育家赞可夫有句名言："教会学生思考，对学生来说，是一生中最有价值的本钱。"在教学活动中，教师要特别注重为学生创设创新性的实践活动，培养学生多角度思考和解决问题的习惯，培养他们思维的多向性和灵活性。

家长在家里不应做学校教育的附庸，要让孩子在家庭的宽松环境中学到课堂上学不到的东西。

规律

孩子的学习兴趣要从小培养。但是，有些知识不需要过早地学习，过早学习会对其他能力发展产生影响。北京师范大学边玉芳教授认为[①]，让孩子过早学习知识是抢跑，存在四大危害：一是"早学数学没用"，因为孩子通常到5岁以后才能形成抽象的数字概念；二是"过早识字弊大于利"，因为过早识字会影响孩子想象力的发展，影响他的学习兴趣；三是"过早学习知识降低可塑性"，因为在孩子生命的早期，大脑就像一个大胆的剪裁师，只有被经常刺激的神经元和突触能够存活下来，而不经常被刺激的神经元细胞连接的突触就会被修剪掉；四是"过早学习知识影响右脑发展"，因为大脑的左半球控制着身体的

① https://mp.weixin.qq.com/s/bOVnikbbnVxO6Pndvtv8EA，2020-11-11.

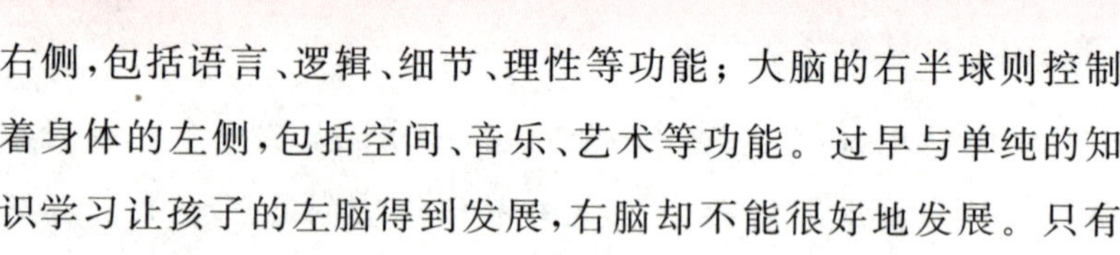

右侧，包括语言、逻辑、细节、理性等功能；大脑的右半球则控制着身体的左侧，包括空间、音乐、艺术等功能。过早与单纯的知识学习让孩子的左脑得到发展，右脑却不能很好地发展。只有左右脑平衡发展才能促进孩子均衡与全面的发展。

孩子的学习动机来自自身的兴趣和成就感，而不是外部强加的学习任务。即便真的要对孩子进行“早教”，学习的内容和方式，也要切实遵循孩子的兴趣爱好、教育规律和个体差异。

案例二

小学一年级不上数学必修课

上学了，王一苇踏入静安区教育学院附属学校一年级(3)班，拿到了课程表。与别的学校不同，该校课表上没有数学课。

小学一年级不上数学课？拿到课表，家长疑惑重重：这么重要的主课不上，空出的时间学什么？孩子在掌握知识方面落后别人怎么办？

带着同样的疑问，记者走进这所学校。校长张人利说，9年前刚开始这项教改实验时，家长就有许多疑虑，但是很快便打消了，以后每年新生家长都会经历这一过程，最后都表示满意。

按照全市统一的教学计划，一年级每周有3节数学课，学校把这3节课时腾给了语文课和英语课，这样每周语文

9节课，英语5节课。其他学校语文老师常常抱怨课时不够，学生课内来不及消化，只能由家长带回去再教。但是，学校一年级的语文老师上课十分从容，学生识字量比别的学校大，家长反而轻松。英语课也是如此。

是什么触发了这项独一无二的课改？

“我们长期觉得天经地义的事，其实反思一下，可以改进之处甚多。”张校长告诉记者，10年前他出国考察，发现有些国家的课程设置与我们不同，比如，有的国家学生初二起学化学，初三才开始学物理，与我们正相反。为什么？他们的研究表明，对初中低年级的学生而言，物理比较难，化学则相对简单，先化学后物理的课程设置，更符合学生的认知发展规律。

学生学习同一学科，或者学习某学科中的同一内容，在他们不同的年龄阶段所花费的时间是不一样的。如果把学生学习某一学科效益最高的年龄阶段界定为“最佳发展期”，那么我们的课程设置就应该符合学生的“最佳发展期”。

教育实践表明，低年级的孩子对语言敏感，舌头软语言模仿能力强，这一时期加强语言学习，可取得事半功倍的效果；然而此时孩子的抽象思维能力较弱，演绎推理能力相对较差，数学等学科学起来会比较吃力，随着孩子阅历的增加，抽象思维能力不断长进，再学数学等学科就会容易些。

学校数学特级教师曹培英举了几个例子。一期课改时，将有理数的加减法放到小学阶段学习，学生无法真正理解，只能靠课上课下反复机械练习去掌握。二期课改将这一内容放到初中一年级去学，此时学生认知水平提高，原来需要56个课时才能教会的内容，现在只需要26个课时就能学会。又如，钱币中的“元角分”概念和时间中的“时分秒”换算，放在小学一年级教是难点，放到三年级，许多学生已经通过日常生活获得直接感受，学起来一点也不觉得有负担。

分析

上海市静安区教育学院附属学校之所以在小学一年级不设置数学课，他们依据的是孩子“最佳发展期”理论，遵循了科学的教育理论和儿童身心健康发展的特点。

苏联杰出的心理学家维果斯基（1896—1934）认为，“最近发展区”是指儿童独立解决问题的实际发展水平与在成人指导下或在有能力的同伴合作中解决问题的潜在发展水平之间的差距。当然，最近发展区存在个别差异和情境差异，即不同个体之间，最近发展区有所不同；在不同情境中，同一个体也可能有不同的最近发展区。学生发展水平是一个变动的“区段”。维果斯基由此提出了“教学最佳期”这一概念，即好的教学应该处于“教学最佳期”（最低教学界限与最高教学界限之间的期限），这是由最近发展区决定的。

另外，根据瑞士著名心理学家皮亚杰的儿童认知发展阶段学说，六七岁到十一二岁的儿童认知发展处于具体运算阶段，

在这一阶段内,儿童的认知结构由前运思阶段的表象图式演化为运算图式。具体运算思维具有守恒性、脱自我中心性和可逆性的特点,儿童心理操作着眼于抽象概念,属于运算性(逻辑性)的,但思维活动需要具体内容的支持。

因此,学校在小学一年级不设置数学课是遵循儿童发展的认知特点和教学最佳期理论的,目的是让六七岁儿童打好语言知识和阅读基础,更好地学习接下来的数学等课程。

建议

办学者与教育者都要尊重孩子的自然成长规律。成人应真正了解儿童,热爱儿童,尊重儿童发展的特点和规律,以此来确定儿童学习的课程内容和学习方式。

教育家卢梭说过:"大自然希望儿童在成人以前,就要像儿童的样子。如果我们打乱这个次序,就会造成一些果实早熟,它们长得既不丰满也不甜美,而且很快就会腐烂。就是说,我们将造就一些年纪轻轻的博士和老态龙钟的儿童。"

其实,孩子们需要的是自然发展的时间表,父母应允许他们循序渐进地走完每一个发展阶段。

办学者和教育者(包括家长)需要不断学习、思考和改进,突破传统教学的陈规,克服传统模式,勇于探索和创新。只有这样才能真正促进孩子的健康发展。

审视一下当前中小学教学现状,我们就会发现:由于"应试教育"思想的长期影响,"创新"被严重忽视,教学当中陈旧的、

片面的、急功近利的因素大量存在，整个教学模式大幅度地向知识技能和应试能力倾斜。现代教学必须着力变革传统落后的教学模式，根除弊端，切实推动教学的整体创新。

规律

蔡元培先生在《中国的修养人》一书中说道："决定孩子一生的不是学习成绩，而是健全的人格修养。"学习知识固然重要，但孩子的健全发展更重要，知识观念也要不断更新。

在孩子的成长中，高分数、好成绩并不代表一切。事实上，一些决定孩子命运的关键问题常常被我们忽略，它们才是孩子未来的保障。父母的目光不能只盯在暂时的成绩上，孩子要进行的是一场人生的、持久的接力赛，谁笑到最后，谁笑得最好！只有解决了教育的关键问题，才能找到正确的发展方向，才能积蓄竞争力，打好持久战。

奥地利心理学家阿尔弗雷德·阿德勒(1870—1937)的《儿童的人格形成及其培养》一书中自始至终贯穿着这样一种思想：培养孩子健全的人格，这才是儿童教育的首要目的，而其他诸如如何帮助孩子积累书本知识以提高他们的智力一类的问题则是儿童教育的枝节和皮毛①。

每一位教育者和家长都需要真正地了解孩子，懂得教育方法。儿童发展具有阶段性、连续性、不均衡性和个别差异性等特点与规律，教师和家长应依据他们的特点确定教育内容、教

① 阿尔弗雷德·阿德勒. 儿童的人格形成及其培养[M]. 韦启昌，译. 北京：北京大学出版社，2014：3.

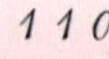

育方式，正确、客观评价孩子的成长。

2. 需要培养孩子具有什么样的能力？

学习能力主要包括学会生存的能力、学会学习的能力，此外还有批判性思维能力、审美能力、想象能力、创新能力、团队合作能力、终身学习与发展的能力等。由联合国教科文组织编写的《教育——财富蕴藏其中》[①]一书中提出了教育的四大支柱：学会认知、学会做事、学会共同生活、学会生存，其中也包括"学会生存"能力。

对于儿童发展而言，处于核心的关键能力主要有好奇心、想象力和创造力。美国的21世纪技能中说到的"学习与创新技能"对于学生而言值得借鉴，即"批判性思考和解决问题能力、沟通与协作能力、创造与革新能力"。这也是我们通常所说的4C技能——沟通(Communication)、合作(Collaboration)、批判性思考(Critical Thinking)和创造力(Creativity)。

美国《纽约时报》曾在当地时间2016年7月30日报道称，外界一直有声音指责中国中小学只会应试教育，培养出的学生只会死记硬背，缺乏深层推理能力，而现在斯坦福大学研究人员却意外发现，中国中小学生的批判性思维技巧在学校里得到了很好的塑造，而且处于世界一流水平。

中国学生的批判性思维能力究竟比外国强，还是弱？我们

---

① 联合国教科文组织. 教育——财富蕴藏其中[M]. 北京：教育科学出版社，1996.

需要通过实例分析一下。

案例

如何培养学生的批判性思维能力?

复旦附中语文教师王召强的著作①

在上海复旦附中,有一位语文老师叫王召强,他受到哈佛大学政治学教授迈克尔·桑德尔"公正课"的启发,将批判性思维融入课堂,开设了一门适合中国学生的写作课。在王老师看来,传统的写作训练课最大的问题是没有把写作当作一门相对独立的系统课程去教,只有写作训练,而没

① http://www.myzaker.com/article/59485ce71bc8e04372000040/,2020-09-10.

有课程视野。写作课应该自成体系，需要从语文课中独立出来。

他的写作课形式新颖，在进复旦附中的第二年便开发出了一门深受学生欢迎的批判性课程——“公民论坛”，引起教育领域的广泛关注。

“我上课曾经刻意模仿过两个人，一个是‘品三国’的易中天；另一个是在哈佛大学开设‘公正课’的政治学教授迈克尔·桑德尔。因为五年前的一个机缘，我无意间在网上看到了这门公开课，觉得这种授课内容和教学方式非常好，就打算自己开发一门适合中学生的、有中国特色的‘公正课’，也就是批判性思维训练课。”

经过长达五六年的磨合、反思和总结，终于有了今天的批判性思维十二讲。“如果一个学生完整地接受过我的批判性思维十二讲，那他的逻辑思维能力将会得到大大的提升，写起议论文来将会非常轻松。”王召强非常自信地说。

作为高三毕业班的语文老师，他任教的两个理科班更是捷报连连。去年，他的学生高考理科状元李翰飞同学语文成绩高达132分，其中一个理科班的语文平均分更是达到113分。

分析

王召强老师的课何以如此神奇？他在语文课上究竟是如何培养学生的批判性思维能力的呢？让我们首先从概念谈起。

什么是“批判性思维”(Critical Thinking)？一直以来，中国人的思维就是：批判就是否定。其实不然。美国学者理查德·保罗认为：“批判性思维就是对思维的再思考。”武志宏教授认为，批判性思维包含三个关键词：不懈质疑、多元意见和理性判断①。

不懈质疑：无论对别人的观点，还是自己的观点，都要有质疑的意识。要认识和承认自己的局限性，对复杂的问题有好奇心和耐心。但不是为了质疑而质疑，也不是陷入怀疑主义，什么都不相信。质疑是为了更好地相信。

多元意见：意识到很多问题是复杂的。以开放的心态，平等对待不同角度的观点。对别人的观点感兴趣，而不只是想着要怎么说服别人。不要觉得自己的观点才是最优越的，但这也绝不是说一定要全盘接纳别人的意见。

理性判断：理性，就是不被感情操纵，能经过深思熟虑，有理有据，做出明智的判断。在理性判断的基础上，做出决策、解决问题、采取行动。

在王召强看来，写作课应该自成体系，需要从语文课中独立出来。先授课程，将写作话题相关的核心知识通过一定的课堂组织教学传授给学生，形式可以多样，包括阅读、辩论、演讲；其次才是写作训练课，包括课堂训练和课后训练，让学生围绕着既定的写作任务进行，要求达成的目标一定要十分清晰，这样才能在之后按照既定的目标对学生的习作进行讲评，学生互评和自评也才有据可依。

---

① http://blog.sciencenet.cn/blog-408901-998220.html，2020-09-12.

然后再根据教学目标将学生的习作进行分类，分清哪些是一类卷、二类卷、三类卷，每一类都应该挑选相应的范文，而不应该只挑选最好的文章。只有每一类范文都有，学生才会明确他的作文修改和升格的合理目标在哪儿——努力将三类卷改成二类卷，将二类卷再升格为一类卷，循序渐进。

王召强老师认为，教师讲评作文不光讲范文好在哪儿，如果那样的话，就变成赏析了，主要还是要告诉学生应该怎么改，怎样在自己原有的基础上一步步地进阶。因为对于三类卷的学生来说，他的成功就是下次写成二类卷；对于二类卷的学生来说，他的成功就是下次向一类卷进军。

建议

不要总是认为中国学生的批判性思维天生就有缺陷。在美国大学课堂上，中国学生往往体现出一些共性的问题，如阅读、写作能力偏弱，缺乏批判性思维能力。其实，这并不是中国学生本身的问题，而是因为由来已久的教育模式从未鼓励他们进行这种思维训练。美国巴特勒教授觉得中国学生并非天生缺乏批判性思维，而是因为传统的中国式教育对具有批判性思维的学生没有特别的鼓励。①

教师和家长要努力培养孩子的批判性思维能力。具体方

① 陈滢心，吴妍娇. 中国学生并非天生缺乏批判性思维，问题出在学习方式上[EB/OL]. http://www.sohu.com/a/108628038_391467，2016-06-08.

法有[①]：

鼓励质疑问难。质疑是培养批判性思维能力的重要基础。“学贵有疑，小疑则小进，大疑则大进。”学生只有对文本知识不迷信，对已有结论不盲从，对一切持怀疑态度，才能于无疑处生疑，才能对原有结论进行重新地判断评价，才能闪现批判性思维的火花。当然，质疑不是无根据的，它以事实定理为依据，以科学论证为过程，它的目的是求得对问题全面正确的把握。

倡导辩论争鸣。在教学实践中发现，一些学生盲从于已有的结论，不善于独立思考，不善于辨别正误。我们可以引导学生以怀疑的态度对既有事实和理论进行辨析，区别真伪。也可以根据课堂教学内容有针对性地设计论题，使学生通过辨析争论阐述自身观点，客观评价他人意见，培养思维的批判性。

创设想象情境。爱因斯坦说过：“想象力比知识更重要，因为知识是局限于我们已经知道和理解的，而想象力覆盖整个世界，包括那些将会知道和理解的。”的确，依靠想象力我们可以拓展思维空间，使探寻超越现实的局限，在此基础上才能有所批判创新。

教师应该首先具备独立思考和批判的精神。学生的批判性思维从何而来？笔者认为，没有教师的批判性思维就没有学生的批判性思维，教师的批判性思维是学生批判性思维的源泉，没有教师引导与熏陶，学生就不可能有批判性思维。

---

① https://zhidao.baidu.com/question/2055818989296037427.html，2020-05-15.

规律

批判性思维既不是天生的，也不是自然习得的，它需要通过教育与后天学习获得。但是，批判性思维能力需要自小培养。

批判性思维绝不等同于否定。从对彼此的质疑开始，全面了解多元的意见，最终依靠证据进行判断，结果很有可能是赞同对方，否定了自己的原有观点。所以否定绝不是目的，独立思考、追求真理的过程才是最重要的。

批判性思维提倡理性，但不意味着就否定了感性，甚至是冷漠无情。这其实也是陷入了二元思维的误区。批判性思维倡导的理性和感性绝不是矛盾的。我们反而要思考的是，我们现在的感性，是不是被社会和舆论操纵的。当我们的理性在发展，思维水平在提高，我们的感性是不是也变得更丰富、更稳定、更持久、更独立。

清华大学经济管理学院院长钱颖一教授所著的《大学的改革》(两卷)中提出教育的三要素：好奇心、想象力、批判性思维。

钱教授在2011年《论大学本科教育改革》①一文中曾这样解释批判性思维的含义：第一，批判性思维是善于对通常被接受的结论提出疑问和挑战。无条件地接受专家和权威的意见不是批判性思维。第二，批判性思维又是用分析性、创造性、建设性的方式对疑问和挑战提出新解释、做出新判断。所以，批判性思维不是对一切命题都持否定态度。

---

① 钱颖一.论大学本科教育改革[J].清华大学教育研究，2011(1).

3. 如何培养学生的想象力？

“想象力远比知识更重要，因为知识是有限的，而想象力概括着世界上的一切并推动着进步。想象才是知识进化的源泉。”

——爱因斯坦

孩子的想象力感染了我①

在做亲子教师时，有一次，陪一个不到两岁的女孩儿一起读书。突然，我们一起翻到一页，里面有好多好吃的。有蛋糕、糖果、水果和鸡腿，我感觉我的口水都要流出来了，我偷偷看了看这个小家伙，小家伙也咽了咽口水。

然后她做出了让我至今都记忆深刻的一连串动作，她先是捏了一个蛋糕放在嘴里，假装嚼了嚼。然后，又捏住一个鸡腿送到我的嘴边，我先是一愣，然后也愉快地嚼了起来。

接下来，我们一口一口地“吃”了很多。再后来，小家伙满意地拍了拍肚子，示意自己吃饱了，看了看我，我也表示饱了，然后继续往下翻。

---

① https://mp.weixin.qq.com/s/mMktv_faU5FtbcQQQ2oHDg，2020-10-11.

恐怕我将永远不会忘记这一幕，虽然现在我已经想不起来这个小家伙的样子了，可是那个情形却记忆犹新。自问，我可以用各种方式和小孩子打成一片，可头一次用这种方法和我打成一片的竟然是一个不到两岁的小娃娃。

我想，对于这个小家伙，哪怕这漫漫的人生路上有再多的艰辛磨难，都不会伤害到她，因为她在小小的年龄就已经用自己的想象力和这个世界玩游戏了。

莫名其妙地，对于这个小家伙，我由衷地欣慰。同时，也对她的家庭教育暗暗称赞，这枚军功章是属于孩子的抚养人的。真的希望这个小家伙能永远幸福快乐，我也知道，她会的……

分析

这是一位幼儿教师的读书笔记，记录的是她在工作中陪伴幼儿阅读的真实故事。

儿童是在参与各种游戏活动中学习和成长的。故事中的幼儿对图片中的各种食物充满了兴趣，想象她与老师可以一起快乐地分享这些美食，可谓形象生动，富有生活情趣。幼儿在想象中边阅读边体验着美味食品，识别各种不同食物的名称、颜色、形状，并与成人交流，发展了语言技能、动作技能和社会交往技能。

这位老师后来将孩子拥有的奇妙的想象力归功于家长的教育，家长很认可。但是幼儿教师自身也在保护、激发和培养

着孩子的想象力，同样功不可没。

建议

培养孩子的想象力有以下几种方法①。

(1) 让孩子做生活的主人。勤动手的孩子要比那些不常动手的孩子更富有想象力。想和做是分不开的，家长要想提高孩子的想象力就不得不培养他们的动手能力。

(2) 尽量让孩子体验各种感觉。孩子想象力缺乏一个很重要的原因是他没有体验过，对其不了解。家长在生活中尽量让他体验一下各种感觉。音乐可以很好地激发孩子的想象力，家长可以放一段没有歌词只有画面的 MV，让他自己去想象画面表达了什么。

(3) 经常和孩子一起做有关想象力的游戏。一些小游戏孩子比较容易接受，家长可以利用这些小游戏来培养他们的想象力。例如，当他们喝完饮料时，家长可以问他这个瓶子有什么用？可以当球踢吗？家长也可以找一个同样的瓶子，和他一起把这个瓶子利用起来。

(4) 鼓励孩子多讲故事、多编故事。一般的孩子都比较喜欢讲故事、编故事，家长要知道不管孩子把故事讲给谁听，这都是提高他们语言表达能力和想象力的机会。家长要积极鼓励

① https://mp.weixin.qq.com/s/aoq7WyEGNBZLm5SmPfgLig，2020-11-16.

他们讲故事，不要阻止他们，可以给他们相应的引导。

（5）指导孩子扩大语言文字积累。想象以形象的画面为主，但是它在一定程度上离不开语言文字材料，看得多了想的时候才会有素材。家长要想提高孩子的想象力，就不能忽视语言文字的作用。生活中，家长可以让孩子背一些诗歌、课文、小故事等，随时把看到的好段子写下来，并时常让孩子把记的东西表达出来。

（6）阅读激发灵感。阅读是智力发展的关键，同时也有助于激发孩子的想象力。家长要选择那些拥有大量丰富多彩的图片的书籍，对孩子来说文字内容并不重要，尽可能让孩子根据图片自己编故事。家长也可以帮助孩子创造情节，还可以进行角色扮演，增加趣味性和参与感。

（7）欢迎孩子想象中的“朋友”。很多孩子都会有一个自己假想的“朋友”，有的家长知道后担心孩子这样会不会出问题，甚至告诉孩子那个朋友根本不存在。专家认为，这是孩子创造性思维的体现，当孩子有了恐惧或担忧时，他会通过这种方式来缓解自己的情绪。通常情况下，家长可以让孩子继续和他的“朋友”玩，当这个“朋友”让孩子出现不好的行为时，则应对其进行纠正。

想象是一切希望和灵感的源泉，是创造美好卓越人生的原动力。缺乏想象力，人的一生将被桎梏在现实与功利的狭小空间内。

孩子的想象力需要保护和培养①

有专家列举了可能会扼杀孩子想象力的7种错误行为，即过早智力开发、替孩子做事、阻止孩子探索、纠正孩子的离奇想法、给孩子提供标准答案、制止孩子特立独行、害怕孩子受挫②。

家长们不妨仔细想想，自己在教育孩子的过程中是否犯过类似的错误。

规律

每个孩子都拥有天马行空的想象力。这常常让成人惊叹不已。

想象力是儿童宝贵的品质，不仅科学探索需要想象力，艺术才能的提高也需要想象力，甚至，想象力可以让平凡的生活变得丰富多彩。知识是有限的，可想象力是无限的，想象力推动着世界上一切的进步。

---

① https://www.sohu.com/a/246755233_296504，2020-07-16.

② 赵红梅. 7种错误行为扼杀孩子的想象力. https://mp.weixin.qq.com/s?__biz=MjM5NjUwMDQ4Mg%3D%3D&idx=3&mid=208631179&scene=21&sn=d41d280957fc445fd473f98481ec90cf. 2020-07-16.

孩子幼年的想象力，关系到他长大以后的创造力、自我思考能力。家长一定要从小保护和培养孩子的想象力。

儿童的想象力不是天生的，而是需要后天的培养。父母和教师应让儿童充分体验生活实践，积极鼓励儿童大胆想象，帮助儿童建立起自主学习的环境。

儿童拥有丰富的想象力会增强他们的自信心和战胜困难的意志与勇气。

擅长想象的孩子可以扮成任何他想成为的角色，在这个过程中，他们需要想象出相应的各种情境、人物角色和故事情节，这其实也是孩子的社交和口头表达能力发展的过程。

4. 为什么要让孩子追求有规律的生活？

“不以规矩，无以成方圆。”

——孟子

意大利教育家蒙台梭利认为，儿童在幼年时期就有了秩序的敏感期，这种敏感现象从一岁起开始显现，一直延续到两岁①。之后，儿童就进入社会规则的敏感期，一直到六岁左右，这个时期，儿童逐渐脱离以自我为中心，而对结交朋友、群体活动产生兴趣。这时，父母应与孩子建立明确的生活规范和日常礼仪，使其日后能遵守社会规范，拥有自律的生活。

① 蒙台梭利. 蒙台梭利文集(第三卷)[M]. 田时纲，译. 北京：人民出版社，2014：125.

德国教育家卡尔·威特于1818年写成的《卡尔·威特的教育》一书中详细记载了他教育儿子小卡尔·威特的成长过程,以及自己教子的心得和独辟蹊径的教育方法。这本书成为世界上现今仍然被使用的论述早期教育的最早文献,200年来造就了无数天才,卡尔·威特的教育理念也被后人奉为早期教育的经典。

下面是这本书中的一段故事,内容是关于让孩子追求有规律的生活,第一人称(我)就是小卡尔·威特。

案例

追求有规律的生活①

有一天,叔叔到我家做客,叔叔家的4个孩子也来了,这令我很兴奋。晚饭后,我和堂兄堂姐们玩捉迷藏,玩得很高兴,不知不觉就到了9点,我把按时睡觉的规定完全抛在了脑后。

父亲不得不来提醒我睡觉的时间到了。当时玩得正高兴,觉得自己从来都没这么开心过,怎么会乖乖地睡。

"就让我再玩会儿吧,一会儿行吗?"

父亲很坚决:"不行,马上就去睡觉!"

"爸爸求求你了!"我哀求。

---

① 威特,等.卡尔·维特的教育[M].郭凤英,译.杭州:浙江教育出版社,2016:205-206.

叔叔也帮我说好话："孩子玩得这么高兴，让他去睡他也睡不着。我们又不常来，他们也难得聚在一起，就让他再玩会儿。"

"就算有客人也不能不遵守已经定好的时间表。"

我磨磨蹭蹭地不肯走，叔叔说："算了，小孩子不都这样嘛！不用那么严格，况且不是经常这样，今天就算破例了。"

父亲板着脸："你自己决定到底去不去睡觉。即使你睡得再晚，我也不会允许你明早晚起，明早6点必须起床。否则后果你自己承担。"

我当然知道父亲说这话的轻重，但对那份难得的热闹太留恋了，就选择了继续玩，一直玩到夜里11点半。

第二天一早，父亲6点准时叫我起床。我困得连眼睛都睁不开，但父亲仍坚决要我起床。我闭着眼睛说："太困了，我现在走路都能睡着，真的起不来了。"

"我已经和你说过，一切后果你自己承担！我让你自己做决定，是你自己选择少睡3个小时，你还磨蹭什么！"

"但是——"

"没有但是，早起的习惯不能改变。虽然现在你很难受，但这是你自己选的。马上穿衣服，别耍赖。"

我昏昏沉沉地起床，然后昏昏沉沉地度过了一天，这一天几乎什么知识也没有学到。晚上堂兄又要和我一起玩游戏，我实在没有精神，不到8点就爬上床了。

从那以后，我再也没有随意更改过时间表，因为我已经亲身体验过不遵守作息规律的后果了。

分析

在一般人看来,严格规律的生活方式很枯燥,很难坚持。但小卡尔·威特的习惯是从小养成的,所以并不觉得困难,反而为此受益颇多。

借助良好的家庭教育,尤其是父亲的教育,小卡尔八九岁时已经能够自由地运用德语、意大利语、法语、拉丁语、希腊语和英语6种语言,也懂得物理学、化学、动物学、植物学,在数学方面尤为擅长;9岁考入莱比锡大学,10岁进入哥廷根大学;13岁出版了《三角术》一书,14岁因提交了一篇学术价值很高的论文而被授予哲学博士学位。

这一切都得益于他父亲对他的早期教育中使他养成了良好的作息时间规律,在后来的大学教师工作中,小卡尔身体健康、精力充沛,总能安排好教学、研究以及各类兴趣爱好,还有充裕的时间陪伴家人。

卡尔·威特的教育至少还说明了一点:教育孩子是有技巧的。父母应该通过教育让孩子形成良好的判断力和容忍度,富有理性和良好的生活习惯;父母要尊重孩子的隐私和秘密,要与孩子沟通和交流;在孩子犯错误时,要以最简单的方式向他说明道理。

父母不要以为在大庭广众之下训斥孩子才能达到教育的目的,这样做反而会伤害孩子的自尊心,强化孩子的不良习惯。父母教育孩子首先要维护孩子的荣誉感,因为一个失去自尊心和荣誉感的孩子是很难再接受教育的。

建议

家长应帮助孩子从小养成良好的生活卫生习惯。独立是孩子走向社会的第一步。卡尔·威特在小卡尔很小的时候，就开始培养他独立生活的能力，他坚持让孩子学会尊重他人和自我克制，知道自己是一个独立的人，要对自己的行为负责任。在小卡尔还很小的时候，他的母亲非常悉心地照料他，但从不娇宠、溺爱他，很少将他抱在怀里，而是让他随便爬。卡尔·威特认为，父母应该是孩子最早的教师，而不应该是他的保护神。

家长应与孩子"约法三章"，违背了就要受到惩罚；要培养孩子顽强的意志力，以克服惰性和诱惑力；让孩子对自己的学习和生活负责。

卡尔·威特教育孩子的一大原则就是"不强迫施教"。虽然卡尔·威特坚信教育可以让小卡尔成为一个"不平凡的人"，但他一再强调教育孩子不能"拔苗助长"，填鸭式的教育只会让孩子失去童年的快乐，也不会学到他需要学的知识。

规律

生活有规律，这是一个人学习和事业成功的基础条件。

适当的运动、营养丰富的食物、充足的睡眠是保障一个人健康的三个基本准则。

游戏是动物的本能，同样也是孩子喜欢的教育方式。卡尔·威特主张"寓教育于游戏中"和"不强迫施教"，这也是他推行的教育方法的一大原则。只有孩子兴趣盎然，才能取得事半功倍

的良好效果。而要唤起孩子的兴趣，最好用游戏的方法进行教育。

不要随便表扬和绝不过多地表扬孩子，表扬对于小学教师来说是日常教育教学工作中行之有效的手段。当孩子取得成绩时，适当的表扬能激励孩子积极进取，激发他们的上进心。特别是对于一些后进生，如果在他们取得些许的进步，即使只是很小的进步时，老师若能恰如其分地对他们表扬，这种表扬就像是一场及时雨，会让孩子们信心十足，加倍努力学习，改善他们的学习状况。反之，如果过度表扬，就容易滋生孩子们的骄傲情绪。

5. 成才与成人，哪一个更重要？

“勿以恶小而为之，勿以善小而不为。”

——刘备

案例

北京海淀区某高校门口排队的游人及丢弃的垃圾①

① http://www.sohu.com/a/164462362_120074,2020-05-10.

名校游览乱象引人关注

每年一到暑假，各地名校就会迎来众多参观者，尤其是位于北京的清华大学、北京大学，每天的游人更是络绎不绝。据统计，一个暑假参观清华校园的达20多万人。这些来自全国各地的家长和孩子，怀着不同的目的慕名而来：①观景（包括自然景观和人文景观）和开眼界；②让孩子接受文化的熏陶，让孩子接受教育，提高人文素养；③激励孩子好好学习，期望孩子将来也能上名牌学校。

这些家长和孩子的宗旨本是好的，然而在游览的同时出现了各种乱象，给高校管理带来了诸多不便。

进入暑期后，清华大学、北京大学等门口的人就没少过。无论是北京大学的东侧门，还是清华的西门，等待入校参观的人们几乎每天都能排起长长的队伍，最长时甚至可达上百米。

炎炎烈日下，等候时间太长，一些游客试图"走捷径"。诸多游人为了避免排长队，竟采用搭货车、锯围栏、使用假证等五花八门的方法蒙混入校。更让人难以容忍的是，有些游人在校园里乱涂乱画、高声喧哗，严重影响了师生正常的校园生活。

此外，高校门口还经常看到大批游客随手丢弃的食品包装袋、纸巾等废弃物，环卫工人说每天的垃圾能装满七八车。校园里游客随意攀爬、吸烟等不文明行为也有发生。

分析

家长带孩子游览名校，期望孩子将来也能上名校，这些做法和想法本无可厚非。但是，名校带给我们的，绝不仅仅是几个小时的游览或者是几张游客照而已。高校的深厚底蕴和文化氛围，也绝不仅仅是景点和草木所能替代的。各位家长热衷于带孩子逛校园时，是否应该想一想，究竟想让孩子看什么、学什么？

乱丢垃圾看似小事，实则反映的是孩子和家长的个人修养问题，说到底，是做人问题。有些游人为了避免排长队，竟然想出各种办法"走捷径"，做了违法乱纪的事，给社会带来恶劣的影响。

上名校与良好的家风家教并不矛盾，但家长应切记，首先让孩子养成良好的卫生习惯，学会保护环境，从小事做起，做对他人、对社会有益的事。文明游览的点滴细节更能体现大问题。

建议

家长教孩子正确认识游览名校校园的价值和意义。最重要的是要激发孩子的学习热情，学习名人的高贵品质。

家长在期望孩子成才的同时，应首先教孩子学会做人，从小事做起，做对他人、对社会有益的事。

家长在教育孩子从小树立远大理想和抱负的同时，更应教

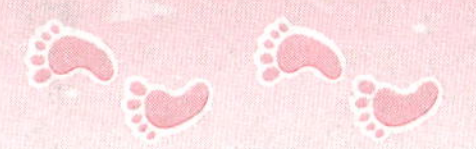

给他们实现理想的方式和方法。

家长应培养孩子具备正确的价值观和是非观。北京大学林建华校长在2017年毕业典礼的致辞中说："一个人，品格是最宝贵的财富；一所大学，精神文化是最宝贵的财富；一个国家，年轻人的价值观是最宝贵的财富。"

规律

人，往往"以善小而不为，以恶小而为之"。

好习惯很难养成，坏习惯随时随地都可能会习得。

保护环境既是一种社会生活习惯，也是做一个良好社会公民的优良品质。

环境污染威胁的不是一个人，而是整个人类。人类只有一个地球家园，保护地球、保护环境就是保护我们自己的生命。美丽的环境是人类永恒的追求。这一行为最能体现一个人是否有公共道德和做人的底线。因此，我们每个人都要积极了解环保知识，参加义务劳动，进行环保宣传，做一个对自然界、对社会负责的人。

成人比成才更难，也更重要。陶行知先生说过："千教万教教人求真，千学万学学做真人。"成人，即懂得做人的道理，有正确的世界观、人生观和价值观。

"成人"和"成才"，不论先后，应当并驾齐驱，相辅相成，二者缺一不可。对于人的成长来说，成才与成人是"一体两翼"，成才，贵在要为社会服务；成人，贵在能持之以恒和持续提升。既成才又成人，才是教育的最终目标。

五、用什么方法能使学习更有效？

学习方法是通过学生的学习实践，总结出的快速掌握知识的办法。因其与掌握知识的效率有关，越来越受到人们的重视。其实，学习方法并没有统一的规定，它因个人特点、条件、环境不同而不同。

日本学者斋藤孝所著的《学会学习：从认知自我到高效学习》①一书告诉我们：我们每个人都能找到适合自己的学习方法，而“一旦掌握了适合自己的学习方法，就会迅速强大起来”②。笔者认为，“配合自己的节奏”“用自己喜欢的方式”“学习自己感兴趣的领域”——如果能做到这几点，就能体会到成年人学习的有趣之处③。

---

① 斋藤孝. 学会学习：从认知自我到高效学习[M]. 张祎诺，译. 南昌：江西人民出版社，2016.

② 斋藤孝. 学会学习：从认知自我到高效学习[M]. 张祎诺，译. 南昌：江西人民出版社，2016：9-10.

③ 斋藤孝. 学会学习：从认知自我到高效学习[M]. 张祎诺，译. 南昌：江西人民出版社，2016：12.

孔子在《论语》开头的经典名句“学而时习之，不亦说乎？”意思是：学习要和一定时间内的温习或实习结合起来，这应该是一件很快乐的事。“工欲善其事，必先利其器。”[①]孔子这句话的意思是：学习要想成功，必须做好充分的准备，这样才能提高效率。

1. 你知道你的孩子是哪种学习类型吗？

一个人适合学习什么，如何学习，主要取决于他的认知学习风格。也有人将孩子的学习类型划分为视觉学习型、听觉学习型、动触觉学习型三种。

---

① 孔子（春秋）《论语·卫灵公》。

孩子的学习风格①

案例

你的孩子是哪种学习类型②

孩子的学习类型③

---

① https://mp. weixin. qq. com/s/ZhAW-UFEbNHyJAUrRJ156w, 2020-09-12.

② https://mp. weixin. qq. com/s/W1S8I2G-ouNhq_Y4PhIKIQ, 2020-09-12.

③ http://epaper. qingdaonews. com/html/qdzb/20151118/qdzb929851. html, 2020-09-12.

女儿两三岁时，我每天开车送她上幼儿园，怕她在后座问东问西地影响我开车，就在车里不停地播放儿童故事的光碟。有故事听，她就一声不吭。

半年过后，有一天，女儿忽然自己给自己讲起了故事，和光碟中一字不差，连口气和节奏都一模一样。

请教女儿的幼儿园老师，她说那说明女儿是个听觉学习型的孩子。这是我第一次接触学习类型的概念，但没有在意。

又过了两年，我要做一个手术，术前医生的助手循例和我谈话。介绍手术楼层的结构前，助手微笑着问我："你是哪种学习类型?"见我茫然，她轻声解释："你是声觉学习型、视觉学习型，还是动觉触觉型?"

想起了女儿幼儿园老师的话，可这跟我的手术有什么关系？完全没有头绪，又不好显得太无知，随便说了个"视觉型"。

助手从书架上拿出一本小册子，里面是医院的楼层示意图，加上各种详尽的图标和文字，一页页给我解释。

后来我一直好奇，如果我说是别的类型，这个环节怎么做呢？听觉型就给我听磁带，操作型就带我在楼里走一圈？

两个孩子慢慢长大，这个分类开始经常往我脑子里钻。比如，女儿对声音很敏感，CD机里放着歌曲和故事，她会一动不动地凝神听；儿子就有点儿视同耳边风，放上一百遍好像也没往脑子里去。

可论起看图，儿子就显得很特别。拼图几乎不看原图，盯着小片片看，然后拿起来一对，往往在犄角旮旯的地方就对上了，经常让我目瞪口呆；中文字到了他的笔下，就是一幅画，笔顺不管，最后总能画成那个字。不好的一点是，说话的时候要是争取不到儿子的视线转向你，说了也白说。

总体来说，女儿很善于从听觉材料上学习，其他方面也还好，弱点不明显，在学校是个好学生。儿子则是视觉和操作都不差，但听觉方面的学习明显比较弱。

分析

生活中，经常听到有家长这样抱怨："别人家的孩子上课坐得住、听课也认真，怎么自家孩子就不一样呢?"案例中的家长观察到自己的孩子有不同于其他同年龄孩子的学习特点，但不知道该如何对待，这是问题的关键。

眼睛洞察、耳朵聆听、皮肤感受都是人们了解世界的方式，孩子们的学习类型也是有差异的，大致分为三种，即视觉学习型、听觉学习型、触觉学习型[①]。

一般来说，视觉学习型的人习惯用眼睛看，如看图、看字、看信息……根据研究表明，大约一半的人属于视觉学习型的人。这类孩子会静静坐在图书角里看书或自己玩拼图游戏。如果一个孩子属于视觉学习型，家长很可能会注意到他具有敏

① http://epaper.qingdaonews.com/html/qdzb/20151118/qdzb929851.html，2020-10-20.

锐的观察力，在学习时一般会先看标题、图片，然后再阅读课文。

听觉学习型的孩子从小就喜欢听或讲故事，听课容易记住；对父母的口头指示能迅速反应，不用一遍遍地重复；喜欢音乐、戏剧以及有表现力的活动。如果要求他们用语言把作业报告出来，将是他们觉得最快乐的学习方式，因为这种类型的孩子口语表达能力极强。

动触觉学习型的孩子好动，有强烈的好奇心，富有创造性，喜欢联想是这种类型孩子的特点。正因如此，他们很容易被老师扣上多动症的帽子。研究者认为，其实每个人在婴幼儿时期都是动觉触觉学习者，那时我们感知身边的事物，基本都靠手去触摸、靠身体去接触，甚至靠嘴和牙齿去咬。

美国发展心理学家、哈佛大学教授霍华德·加德纳认为，每个孩子的智力结构都是多元的，即语言—言语智力、数理—逻辑智力、空间智力、身体—运动智力、音乐智力、人际交往智力、内省智力、自然探索智力、存在智力等①。不同的人有不同的智力组合。这就要求教师首先要确立积极的学生观，即每个学生都有自己的智力优势领域，有自己的学习类型和方法，都是具有自己智力特点和发展方向的可造之才。教师要激发每个学生的潜在智能，充分发挥其个性特长。

① https://baike.so.com/doc/5390959-5627639.html,2020-06-11.

建议

家长可以根据孩子的不同学习类型特点进行引导和启发，让孩子有效地学习。

因为视觉学习型的孩子有较强的构图能力，家长可以用卡片来帮助孩子学习，比如为不同的科目或出于不同的目的制作不同的卡片，以便随时查阅。也可多用提纲或图表帮助孩子学习，提高孩子对所学知识的理解。

对于听觉学习型的孩子，让孩子把思考过程用语言表达出来，有助于他们理清思路、自动纠正错误的理解。此外，录下老师的教学，或听名人演讲录音，都是不错的学习方式。

对于动触觉学习型孩子，父母不能强行要求孩子在书桌旁边坐一小时或者两小时不动。可以多让孩子动手做，就像做实验一样，孩子既有参与感，又能融会贯通。

规律

孩子学习和接触外界事物的方式是不一样的。有一个印度短片叫《地球上的星星》，故事讲的是一个小男孩在学校是超级差生，在家随时都闯祸。校方觉得教不了，家长也无计可施，把孩子送到另一所寄宿学校。在那里，一位细心的老师发现孩子有读写障碍。最终，经过老师的帮助，孩子取得了很大进步，在绘画方面还显露出天赋。

当你觉得孩子不够好时，并不是孩子有问题，而是我们没有读懂他。现实生活中，多数孩子都比印度短片里的小男孩有更让大人满意的表现，但是，仍然有很多家长认为自己的孩子不够好，缺点太多，很让自己失望。我想，家长之所以会有这种感觉，主要是因为他们对孩子的认识不够全面深入。

人的智力结构是多元的。霍华德·加德纳提醒人们：可以利用多元智能理论来发掘资优学生，进而为他们提供合适的发展机会，使他们茁壮成长；还可以利用多元智能理论来扶助有问题的学生，并采取对他们更合适的方法去学习。一旦发挥孩子的特长，便会使其学习达到事半功倍的效果。

2. 怎样学习才不会遗忘？

人的记忆十分奇妙，对于经历过或学习过的事情，时间越久，就越容易忘记，这是大多数人可以理解和接受的事实。与人的记忆密切相关的遗忘究竟有何规律呢？

遗忘曲线，就是一种展示人的记忆随着时间的推移而逐步消弭的曲线图。换句话说，就是标明新学到的东西将以什么样的速率被遗忘。实际上那就是一个被颠倒过来的学习曲线图①。

这一曲线图最先发表于19世纪80年代末期，作者是德国心理学家赫尔曼·艾宾浩斯，是他于1885年在《记忆》一书中发表的研究成果。在此之前，他孜孜以求的就是想在哲学与科学之间架起一座桥梁，用严格的标准来度量人类的某些特性或

① 本尼迪克特·凯里. 如何学习[M]. 玉冰，译. 杭州：浙江人民出版社，2017：40.

心理特性。据说，他是受到科学家古斯塔夫·费希纳所著《心理物理学纲要》的启发。

艾宾浩斯创造了2300个无意义音节，加以练习和实验，结果做成了记忆公式，后来又有人依此绘制成图，因此他开创了学习科学研究的先河。到了1914年，美国教育心理学家爱德华·桑代克将艾宾浩斯的遗忘曲线命名为一条“学习定律”，也就是“失用定律”。

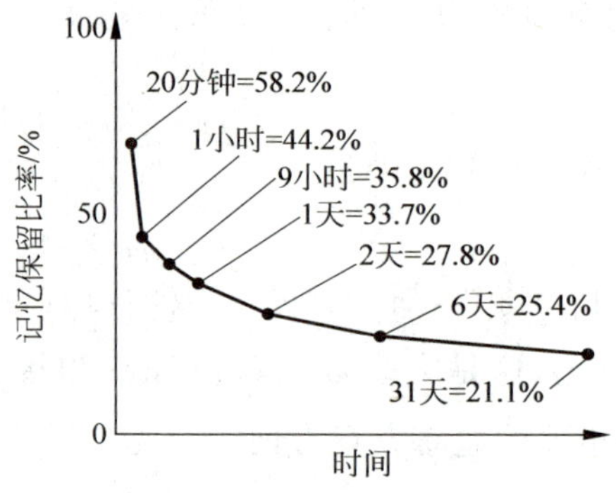

艾宾浩斯遗忘曲线①

与此同时，1913年，一位默默无闻的英文教师在一篇文章中公布了经过成百上千次考试，参与的孩子多达上万人的实验研究结果：“我们不仅会忘记曾经一度记得的东西，我们也同样会记起曾经一度被遗忘的东西。”

然而，正如上文所说的，对于经历（学习）过的事情，在人的记忆中保存时间是有长有短的，有的人瞬间就忘，而有的人终

---

① http://image.so.com/i? src=360pic_normal&z=1&i=0&cmg=eea600311770e6e9ee2dd0a88fe79411&q=遗忘曲线，2020-07-22.

生难忘。这到底是为什么呢?

原来,“随着时间的推移,记忆并非只沿着单一的方向消退下去,它还有另一条走向,被巴拉德称为‘回想’,这是一种记忆的增长:记忆里会自动冒出一些我们并不记得曾学过的词语、数据等。在我们努力想记下一首诗或一组生词之后,记忆的这两种走向会同时出现。”①

可以理解,艾宾浩斯的无意义音节都是杂乱无章、毫无关联的元素,因此想记住就很困难了。而遗忘不仅是一个被动衰减的过程,更是一个主动过滤的行为。它会挡掉让人分心的信息,清理掉没用的杂乱垃圾。这足以解释为什么我们记住一首诗、一个故事或任何有一定含义的东西要比记住那些毫无意义的音节容易得多。

然而,还有一个东西没有得到解释,那就是为什么有些东西会从我们的脑海深处冒出来?巴拉德的实验与艾宾浩斯的遗忘曲线似乎是相悖的,这怎么解释呢?

此后,虽经历了弗洛伊德的心理治疗研究和斯金纳的强化学习理论的挑战,巴拉德的研究结果始终没有被人们遗忘。20世纪六七十年代,一些心理学家继续进行实验研究。马修·埃尔代伊与其年轻的同事杰夫·克莱因巴德用图片和简笔画进行实验研究发现,图像记忆的效果要比文字好得多。因此,他们得出结论:“记忆是一个复杂的系统,随着时间的推移,它会

① 本尼迪克特·凯里.如何学习[M].玉冰,译.杭州:浙江人民出版社,2017:47.

朝着增加以及衰减的不同方向发展。"

然而，这一结论并没有说出为什么用图像考试，学生能回忆起的数量会增加。直到20世纪80年代，这一疑惑才被美国加州大学洛杉矶分校的罗伯特·比约克和他的妻子伊丽莎白·比约克的"记忆失用理论"（或称"遗忘式学习"）解答出来。

记忆失用理论的第一条法则是：任何记忆都具备两种能力，即储存能力和提取能力。例如，我们能够牢牢记住的九九乘法口诀表就是一种储存能力。根据比约克的理论，记忆的储存能力只会越变越强，永远不会减弱。不过，并不是所有我们听到、看到或说到的东西都能储存在记忆中，大脑只记住那些有意义、有作用和有趣的东西。

因此，记忆是不会"丢失"的，不会像我们以为的那样越变越淡，直至踪迹全无。准确地说，"丢失"了的其实只是我们一时无法提取出来的记忆而已，它的提取能力在当下很低，低到几乎为零①。

比约克夫妇理论的另一条法则是"必要难度"，即"我们在提取某项记忆的时候越是大费力气，那么在得到之后，该项记忆的提取能力以及储存能力就飙升得越高，也就是学得越

---

① 本尼迪克特·凯里. 如何学习[M]. 玉冰，译. 杭州：浙江人民出版社，2017：55.

扎实"[①]。

美国有两位心理学家戈登和巴德利尝试利用水下潜水环境进行词汇学习，得到了这一结论："如果能还原到最初学习时的场景中，记忆效果的确会更好。"[②]

当然，个人的学习心理准备或态度十分重要。还有必要掌握学习和记忆的方法。

近几年，很多人在研究：思维导图是如何提升思维方式的？

简单地说，思维导图就是给思维画地图，也叫作心智图，被看作整理发散性思维的有效图形思维工具。

思维导图是由有着英国"记忆力之父"之称、曾帮助查尔斯王子提高记忆力的东尼·博赞[③]发明的。作为人类大脑潜能与学习方法研究专家，东尼·博赞创办了世界记忆力锦标赛、思维奥林匹克运动会，其所著的"思维导图"系列图书被翻译成30多种语言在世界百余个国家出版，被很多人称为"一生中最重要的老师"。

从大学学会通过联想记忆的希腊记忆法之后，东尼·博赞开始思考如何通过更加高效的笔记法来帮助大脑记住更多的内容。最终，他画出了从中央主题向四周发射线条的放射状笔

---

① 本尼迪克特·凯里. 如何学习[M]. 玉冰，译. 杭州：浙江人民出版社，2017：57.

② 本尼迪克特·凯里. 如何学习[M]. 玉冰，译. 杭州：浙江人民出版社，2017：68.

③ 东尼·博赞. 思维导图[M]. 卜煜婷，译. 北京：化学工业出版社，2017.

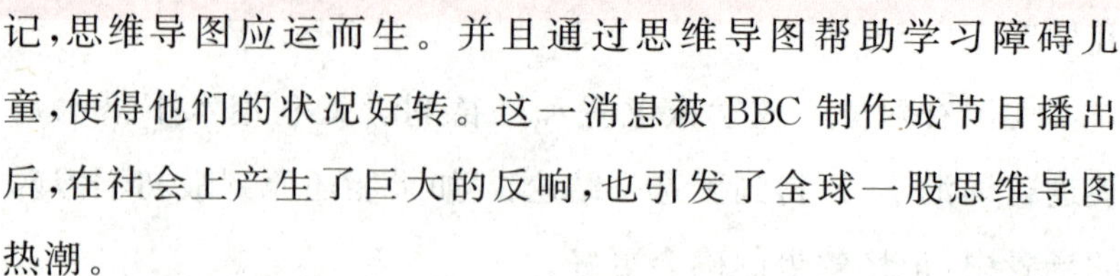

记，思维导图应运而生。并且通过思维导图帮助学习障碍儿童，使得他们的状况好转。这一消息被 BBC 制作成节目播出后，在社会上产生了巨大的反响，也引发了全球一股思维导图热潮。

简单又极其有效的思维导图被看作一种革命性的思维工具。它图文并茂，将同一主题下的不同子题用相互隶属及相关的层级图表现出来，将关键词与图像、颜色等建立记忆链接。

思维导图使用得好，可以充分发挥左右脑的机能，利用记忆、阅读、思维的规律，在科学与艺术、逻辑与想象之间平衡发展，进一步开发大脑潜能。迪士尼、微软、IBM 等跨国企业均邀请过东尼·博赞来讲授思维导图，学习这一高效思维工具。

日本作家矢岛美由希写作的《日常生活中的思维导图》一书正是尝试着帮助人们用思维导图的方法来整理日常生活。

3. 做作业真的那么重要吗？

前些年，报纸上专门推介了江苏省杨思中学的“先学后教，当堂训练”的学生自主学习模式，很多人以为是传言，纷纷跑去实地参观考察，亲眼所见后便信服了。但到目前为止，课后不布置作业的中小学教师似乎少之又少，但上海市虹口区曲阳第三小学数学老师叶丽雯就是其中的一位。那么，课后不布置作业，靠什么来提高学习效果和教学质量呢？我们通过案例分析来一探究竟。

案例

数学老师叶丽雯推行“无作业”九年①

叶丽雯老师在给学生讲解错题②

从一年级到五年级，数学科目不布置家庭作业，且学生的成绩一点也不差，这听起来简直难以置信。但有位老师做到了。

她叫叶丽雯，虹口区曲阳第三小学的数学老师。从2005年开始，叶丽雯在课堂上，当天事当天毕，从不给学生布置家庭作业。学生的成绩也并未因此受到影响，在“小升初”中，她教的班级总有近半数的学生被优质民办初中抢着要。说起秘诀，叶丽雯只有简单的四个字——“高效教学”。

① 陈婧. 小学数学老师九年推行“无作业”教学[EB/OL]. http://jzb.com/bbs/thread-2592378-1-217.html，2020-12-30.

② http://www.jyb.cn/basc/xw/201405/t20140519_582169.html，2013-12-30.

从最初的被家长质疑、担心，到如今，家长们都想让自己的孩子挤进叶丽雯的班级，她已成为学校最受欢迎的数学老师。

她是怎么做到的？

秘诀 1　带班带满一轮了解每个孩子

这学期，叶丽雯同时在教二年级(2)班和三年级(1)班的数学课，这两个班级都是她从一年级开始带上来的，并且将一直带到五年级。这是叶丽雯的习惯，每次带班都是带满一轮，这让她对每个孩子的情况都能了然于心。

从 9 年前开始，叶丽雯带的班级就再也没有留过数学家庭作业，所有的练习都在课堂、课后完成，绝不带回家。

秘诀 2　一周一张“作业单”精选题目

小学一、二年级没有书面家庭作业并不稀奇，市教委也有这样的规定，但是三到五年级依然不布置家庭作业，这似乎很难做到。

叶丽雯说，她专门设计了一整套根据不同知识点分为复习、新授、提高内容的“作业单”，把学生该掌握的内容都包含进去。

在叶丽雯的办公室里，记者见到了一张这样的“作业单”，一张 A4 纸大小的纸上大约有 30 道题目，分为计算、判断、应用等多种题型，图文并茂，甚至还融入了卡通画。叶丽雯说，这样的“作业单”一个星期才做一张，而且全部在学校里完成。

如今，叶丽雯跨年级带着两个班的数学课，同时还担任着学校分管数学的教导副主任工作，工作量非常大。校长储蕾表示，希望将她的这一套“无作业”教学方法在全校推广。

分析

叶老师努力提高教学效率，在“减负增效”的改革道路上走在了前头。如果说叶老师教数学不布置家庭作业有秘诀的话，那就是——教师高效教学，学生高效学习。

叶老师善于钻研，科学把握教材知识的体系结构和前后连续性。她不是不让学生做作业，而是精选作业题。叶老师认为，在校内完成练习还有一个很大的好处，就是能让老师很清楚地知道学生的薄弱点，及时做到缺什么补什么。重要的不是做多少练习，而是每个知识点都让学生掌握。

叶老师擅长研究学生的学习特点，有的放矢，因材施教。

叶老师上课生动形象有趣，善于激发学生的积极性。

叶老师尝试编制“作业单”，为学生提供少而精、针对性强的练习与测试题。叶老师灵活的“作业单”让学生数学学习温故知新。“每张‘作业单’上温习的题目占20%～30%。小学生很容易忘掉以前学过的内容，通过‘作业单’形成不间断刺激，强化他们对于知识点的掌握，这样基本就不用上复习课了。”

叶老师能够不布置家庭作业却把学生带好，这与她平时对

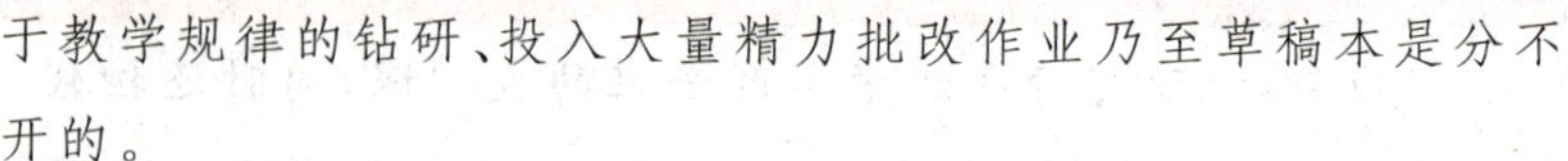

于教学规律的钻研、投入大量精力批改作业乃至草稿本是分不开的。

建议

随着信息技术的发展，越来越多的媒体被运用到中小学学习中。特别是提倡合作学习、研究性学习的当下，借助移动平台会更加方便快捷，借助微信、QQ也可以更好地指导家长。所以，教师引导家长了解学习要求，引导家长在家里更好地指导孩子，切忌一刀切。不允许教师单纯通过微信和QQ等布置作业，但应允许教师在黑板布置或课堂上现场布置之后，再通过微信与QQ提醒家长。

近日，针对政协十三届全国委员会第一次会议的多份提案提出，建议解决“家长作业”问题。在《关于停止小学老师用手机微信和QQ对学生及家长布置和提交作业的提案》答复里，教育部提到，将完善管理，规范教师教育教学行为，明确教师不得通过手机微信和QQ等方式布置作业、将批改作业的任务交给家长，避免出现“学校减负、社会增负，教师减负、家长增负”等现象。

因此，教师应着眼于学生的健康发展，大胆改革创新，切实减轻学生的课业负担。教师的教学改革应照顾到学生的学习特点和兴趣需求，符合学生年龄成长特征，更应发挥教师自身的特长和优势。钻研教材教法是教师始终如一的教学研究工作。教师的教学工作需要家长和教师共同的理解和支持。

不过，这样的教学方法对教师的要求非常高，不是每一位教师的教学水准都能达到的，而且在所有学科都推行也不太可能。

规律

学生课业辅导减轻了，教师往往需要“增负”。这里的“增负”不是说真的增加教师的教学负担，而是要教师吃透教材，精心备课，提升教学能力和教学效果。案例中的叶老师从来不给学生做教辅书，但是每天下班后，她却要花大量的时间去研究教辅书上的题目，然后设计出每个学习阶段的“作业单”。

教学方式方法往往带有个人的教学特点和艺术风格，别人难以复制。好的教学效果与教师的个人魅力和健康、融洽的师生关系密不可分。

教育部多年来持续坚持教育减负的原则是一致的，学校和教师理应在教育教学活动中遵循和坚持这一工作原则和行为规范，切实开展教学研究，努力从学生的健康发展角度考虑，提升教学效率和效果。

我国 1993 年颁布的《关于减轻义务教育阶段学生过重课业负担、全面提高教育质量的指示》规定：教师要根据教学要求和学生学习实际，认真备课，精心授课，因人制宜地选择和布置作业。作业的分量和难度要适当。小学一年级一般不留书面家庭作业，二三年级每日课外作业量不超过 30 分钟，四年级不超过 45 分钟，五六年级不超过 1 小时，初中各年级不超过

1.5 小时(以上均按中等水平学生完成的时间测定)。不要布置机械重复和大量抄写的作业,更不得以多留作业作为惩罚学生的手段。

4. 为什么要强调让孩子学会阅读?

著名教育家、民进中央副主席、中国教育学会副会长朱永新教授较早在国内倡导“新教育”,推广将阅读作为变革教育的力量。

《阅读的力量——2013 年新教育国际论坛武侯宣言》[①]中说:对人类,阅读是一种生命本体的互相映照,是人类文化精神的集体守望;对教育,阅读是一种最为基础的教学手段,是授之以渔的最终目的;对社会,阅读是一种消弭不公的改良工具,是对人类崇高“价值”和应有“秩序”的坚持;对个体,阅读是一种弥补差距的向上之力,是终身受益的个体福利,是开阔眼界、豁达胸怀、陶冶情操、启迪心灵、修身养性的最好方式;对生命,阅读是一条通向幸福的重要通道,是构建幸福的精神世界的根本途径。

我们始终相信,每一个生命都是一粒神奇的种子,蕴藏着不为人知的秘密,而阅读,则能够给种子以美好滋养,并唤醒其所蕴藏的伟大和神奇。

---

① http://blog.sina.com.cn/s/blog_4aeb7d930102eiw3.html.2017-08-18,2020-06-17.

案例

阅读的关键期在14岁之前[1]

“精神饥饿感”更易在中小学阶段形成。新疆奎屯八中的一个名叫塞甫丁·哈斯木拜的同学让朱永新记忆深刻。这个孩子所在的学校参与了新教育实验。“这个孩子小学五年级时才开始接触汉语。”朱永新说，但是，从此之后塞甫丁·哈斯木拜就像一个被饿了很久的孩子，再也丢不下图书了。他用了三四年的时间读了几百本书，在2012年中央电视台评选出的十大读书少年中，塞甫丁·哈斯木拜成为其中一员。

“阅读与学业从来就是矛盾的。”一位小学生的妈妈发现，再美好的计划都跨不过上学这道坎儿。在孩子上学之前，这位妈妈一直坚持给孩子读各种故事，也有意识地培养孩子的阅读习惯，但是，自打一上学，孩子阅读的时间被一点点地挤掉了，“又要完成学校的作业，又要保证孩子睡眠，只能有所取舍。”这位妈妈说。

人类最伟大的思想处在离线状态。刚过去的那个暑假，壮壮的妈妈一直奔波于各大医院之间，因为壮壮的视力突然变得很差，“有一只眼睛只有0.1了。”壮壮妈说，壮壮今年上一年级，面对即将到来的、更加繁重的学业负担，壮壮妈希望尽早恢复孩子的视力。“孩子的眼睛变差就是因为家里

---

① http://blog.sina.com.cn/s/blog_4aeb7d930102e851.html,2020-07-16.

有了 iPad 之后，虽然尽可能限制孩子玩游戏的时间，但也在上面下载了很多故事，还有一些学习软件。”

要让每个孩子方便地得到最适合他们的图书。一位一年级孩子的妈妈说，学校每天会利用孩子早晨到校这段时间给学生放古诗，“几十首古诗全部用说唱的方式录制，孩子在家里时嘴里经常叨叨，不过怎么听都不是味儿。”据这位妈妈介绍，别管是“锄禾日当午”还是“床前明月光”，什么样的诗句在孩子嘴里都用欢快的说唱节奏唱出。

分析

如何把阅读和学习知识结合起来？许多家长和教师都认为，阅读课外书籍与学校里的学习是相互矛盾的，为了保证孩子在校学习时间，努力完成学校布置的作业，孩子本应花时间进行大量的阅读，但最终成了泡影。

很多家长认同课外阅读习惯的重要性，也希望学校给孩子多提供阅读空间。但是现在学校作业压得孩子抬不起头，而过多的课外阅读对考试成绩提升又不能立竿见影，因此百思不得其解。

其实，对于家长来说，就是要思考清楚：是考试成绩重要，还是孩子有独立思考能力、求知兴趣和全面良好的知识体系更重要？说到底，未来要靠孩子自己去把握，家长决定不了孩子一生的幸福指数。因此，最根本的办法还是培养孩子爱学习、会学习的能力，以及终身保持学习的动力。

建议

早在20世纪40年代，我国幼儿教育家陈鹤琴先生就提出过"活教育"思想。对于读书，他的建议是"读活书，活读书，读书活"。这九个字言简意赅地说清了读什么书、怎么读书、读书有什么用。

这里再推荐一种"笔记读书法"。日本作家奥野宣之在其所著的《如何有效阅读一本书：超实用笔记读书法》一书中比较了笔记读书法与普通读书法的异同。本书中提到的笔记，用的其实就是在便利店或文具店里随处可见的笔记本。

利用这种普通笔记本，就可以实现这几个不普通的目标：读书不再是"随随便便"地读，而是带着明确的目的、充满主动性地去读；真正消化书中的信息，使之成为属于自己的东西；深入理解书中的要点或思想，并随时拿来参考。

说得再简单一点，学会了怎样利用笔记，就能比现在更懂得如何选书、购书、读书和活用。

普通读书法与笔记读书法①

类别	普通读书法	笔记读书法
选书	**对书没有形成意识：** 别人推荐什么你就选什么 没有目的性地读书 被广告和销量排行榜左右	**收集信息已成为日常习惯：** 发现并按照自己的需求选书 读书目的很明确 能够排除干扰，不会被动选书

① http://product.dangdang.com/23958931.html，2020-06-15.

续表

类别	普通读书法	笔记读书法
购书	**选书的过程从书店开始：** 选书的时间长 买来的书堆成山，但都没读过 因为一时兴起造成冲动购物	**按照购书清单指明购买：** 节省在书店耗费的时间 因目的明确，可以对书客观评价 有效利用网上书店
读书	**普通的读书方法：** 读书没有重点，需要很长时间 读书过程日益变得单调乏味 读过以后很难提炼要点	**带着读书笔记的概念读书：** 目的明确，读书速度快 通过做记号加深印象 读后可以迅速提炼要点
记录	**仅仅是读过：** 很难反复阅读 甚至不记得曾经读过，更别说内容了 很难提取信息	**将读书笔记实体化：** 方便反复阅读 通过书写加深印象 以书为媒介丰富思想
活用	**保存在书架上：** 很难进行参考 书被遗忘在角落里 浪费时间	**回顾读书笔记：** 便于参考 通过读书笔记汲取知识，并得到提高 可以脱离原书

规律

自古以来，读书都是讲究方法的。“朱子读书法”是古代最有影响的读书方法论，为宋代理学家朱熹的学生汇集他的训导概括归纳出来的，共六条：循序渐进、熟读精思、虚心涵泳、切己体察、着紧用力、居敬持志。朱子读书法是我国古代最系统的读书法，集古代读书法之大成，值得认真研究和参考。

当今社会十分强调“整本书阅读”的意义，目的是要继承文化传统和坚持学习的精神。其实早在 1941 年，叶圣陶先生在《论中学国文课程标准的修订》中对“读整本的书”就提到：“把整本书作主体，把单篇短章作辅佐。”

今天，阅读已经成为世界范围讨论的主题，阅读也已经从婴幼儿阶段开始了。小学阶段进行整本书阅读不但成为可能，而且成为必须做的事情。读整本书的意义已经逐步被重视起来。

5. 怎样才能提高学习效率？

日本作家斋藤孝在其所著《学会学习：从认知自我到高效学习》[①]一书中，既总结了十六位杰出人物的学习方法，又分享了作者自身的学习技巧，旨在为找不到适合自己学习方法的读者提供启示。例如，发现特洛伊遗址的谢里曼，凭借自身独特的外语学习方法，阅读大量原文古籍，从而推测出特洛伊遗址的可能地点。日本畅销书作家村上春树，用长跑的方式打造强健体魄，长期坚持小说家的职业生涯，接连写出畅销书籍等。

他们在人生中也曾遇到过关键性的转折点，促使他们成功转变的就是其独特的学习方法。在这些学习方法中，你一定可

① 斋藤孝. 学会学习：从认知自我到高效学习[M]. 张祎诺，译. 南昌：江西人民出版社，2016.

以找到适合自身情况、能够长期坚持的方法。也可在他人学习方法的基础上推陈出新，打造出属于自己的学习法则。

斋藤孝在其另一本书《超级阅读术》[①]中为成人展示了阅读和生活、工作等更深的联系，从而获得全方面提升自己的能力、竞争力的勇气。通过这本书，读者可以学到以下几点。

(1) 获取强大的思考能力：快速抓取，理解内容，抓住要点，5 分钟就可以掌握一本书的精华。

(2) 丰富词汇与知识，成为聊天达人。

(3) 提升逻辑思考和组织、输出能力。

(4) 练就职场和生活所需的强韧大脑，获得应对不确定未来的精神能量。

加拿大学者斯科特·扬(Scott Young)所著的《如何高效学习》[②]讲述了一位因为快速学习而成名的神奇小子，他应用自己发明的学习方法，完成了 10 天搞定线性代数，1 年学习 4 年 MIT 课程的“不可能任务”。该书对他的学习方法进行了全面介绍，其中包括整体性学习策略的核心思想和具体技术，详细介绍了快速阅读法、流笔记法、比喻法、内在化等七大方法，并为高效学习提供了从生活到时间管理的整体解决方案。

可见，学习有法。掌握了好的学习方法，就能提高学习效率。

---

① 斋藤孝. 超级阅读术[M]. 赵仲明，译. 北京：北京联合出版公司，2016.

② 斯科特·扬. 如何高效学习[M]. 北京：机械工业出版社，2014.

案例

直击美国课堂①

这是一节6年级的历史课，老师讲的内容是史前时期。

首先，老师给每位学生发了一块石头和一些油彩，让学生假设手中的石头是化石，让学生在石头上画画，想画什么都可以，但必须是学生对史前时期的理解。学生们很兴奋，开始埋头在石头上画画，有的学生嫌不过瘾，甚至拿了两块石头。有些学生画的是史前时期的原始人，有的画的是史前时期的洞穴，有的画的是钻木取火的场景。有一个学生最有意思，画的动物非牛非兽，可能这就是他对史前时期的理解吧。

在学生们画画时，我在教室里随意转了转，发现教室的四周摆满了不同历史时期的场景，有的是生活场景模型，有的是学生收集来的图片资料，有的是学生手工制品，当然，我还发现了我们中国的兵马俑模型。

画完了，学生们就请这些花花绿绿的"化石"去外面晒太阳，老师进入了第二个环节——一个非常年轻的历史学者来给同学们讲史前时期的钻木取火。在出示了钻木取火的图片和相关文字内容后，这位历史学者开始拿出实物，向学生们演示如何做钻木取火的工具。

① https://baike.so.com/doc/6219886-6433176.html,2020-08-20.

然后把学生们每5人分成一个小组，发给他们材料，让他们自己动手做。学生们很快就做好了。

历史老师一边让学生们摆弄工具，一边开始启发：这个工具是怎样工作的，里面涉及了什么样的技术原理，这个工具除了可以钻木取火，还能用来干什么。在现在的生活中，还有没有类似的技术工具？它与现在的新技术有什么联系？学生们回答得很踊跃，显然他们对能亲手做出几千年前的工具感到好奇和兴奋；通过动手制作和巧妙的提问，老师轻易地把几千年的时光轻轻地拉过。最后，老师号召同学们利用生活中的一切材料来制作实用的工具。

不要以为这节课就结束了。第三个环节是扮演与回答。老师事先布置了家庭作业——阅读两本故事类的历史书籍，然后在课堂上请两位同学扮演书中的主人公，其他同学就这两本书中的内容提问，由这两位主人公回答。我注意到其中一本书的名字是《寒冷的洞穴》。显然，6年级的学生还很调皮，有的学生的提问相当"高难度"，而主人公的回答也相当俏皮和幽默，教室中不时爆发出阵阵笑声。

分析

学习金字塔是美国缅因州的国家训练实验室研究成果，它用数字形式形象显示了：采用不同的学习方式，学习者在两周以后还能记住内容（平均学习保持率）的多少。它是一种现代学习方式的理论，是由美国学者、著名的学习专家爱德加·戴尔于1946年首先发现并提出的。

以语言学习为例,在初次学习两个星期后:阅读能够记住学习内容的10%;聆听能够记住学习内容的20%;看图能够记住学习内容的30%;看影像,看展览,看演示,现场观摩能够记住学习内容的50%;参与讨论,发言能够记住学习内容的70%;做报告,给别人讲,亲身体验,动手做能够记住学习内容的90%。

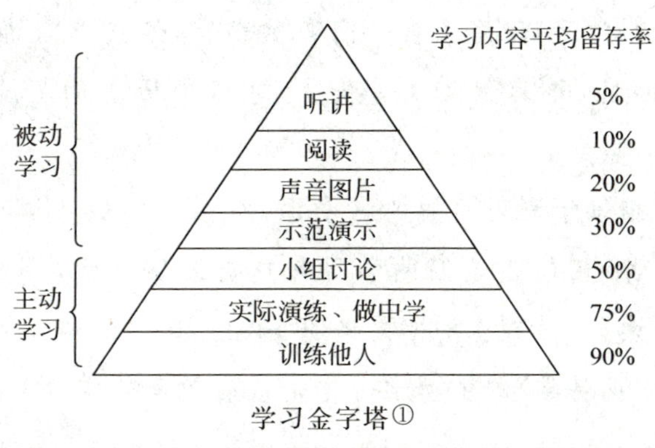

学习金字塔①

根据这个金字塔所呈现的,教师仅用讲述的方式,两周以后记得的内容只剩5%。怎么会这样呢?因为这是最被动的学习方式,学生的参与度是最低的。从第一项至第四项的学习方式也都是被动式的,学生的参与度非常低,所以学习的保存率都不超过30%。金字塔的最底端,其教学效果高达90%,而这个方法是:让学生教别人。如果学生有机会把上课内容作立即的应用,或是让学生有机会当同学的小老师,效果高达90%。

① https://baike.so.com/doc/6219886-6433176.html,2020-08-21.

所以从学习金字塔中可看出，学生的学习以能够转教别人的效果最好。

通过以上这堂课我们可以看到："做中学"是美国课堂的主旋律。这节课主要是运用动手做（能够记住90%）、看展览（能够记住50%）、看演示（能够记住50%）、参与讨论和发言（能够记住70%）等记住学习方式让学生积极有效地参与学习。

这节课更可贵的不仅仅是学习金字塔理论的应用，而是通过体验式的学习，动用了孩子们各种感官，给孩子们留下"刻骨铭心"的记忆，更容易激发孩子们对那段历史的好奇心和探究欲。

教师相当于利用短短的一堂课，在孩子们的头脑中播下了知识的火种，相信孩子们的学习兴趣被激发之后，会利用各种方式——读书、看视频、网页浏览等，继续关注和探究这段历史。这种"我要学"的主动学习才是最有效率的学习。

建议

每位教师都应深入研究和掌握"学习金字塔"理论，自觉地改变陈旧的教学方法，充分尊重学生在学习活动中的主体地位，引导学生自觉地参加合作学习，从而提升学习兴趣，提高课堂教学的有效性。

课堂学习过程中，教师应充分调动学生的学习主动性和参与性。中国传统式课堂教学是教师讲、学生听的被动式学习模式，学生学习缺乏积极主动性，没有参与意识和机会，更缺少动

手能力的培养。

规律

通过听讲、阅读和示范演示，学生仅能记住很少的内容，更容易造成枯燥和乏味。而学生主动学习，特别是动手操作学习，更容易记住学习的内容。

学习方法不同，学习效果大不一样。因此，教师要学会调整甚至改变教学方式，学生要努力转变学习方法，要由被动听转为主动学，要多种器官综合使用，要耳、眼、脑、口、手并用。

在教学中，要大力提倡小组合作学习，在参与中掌握知识，生成能力，从而真正实现从知识到能力的转化，使学生们将教师传授的知识记得多、记得准、记得牢。

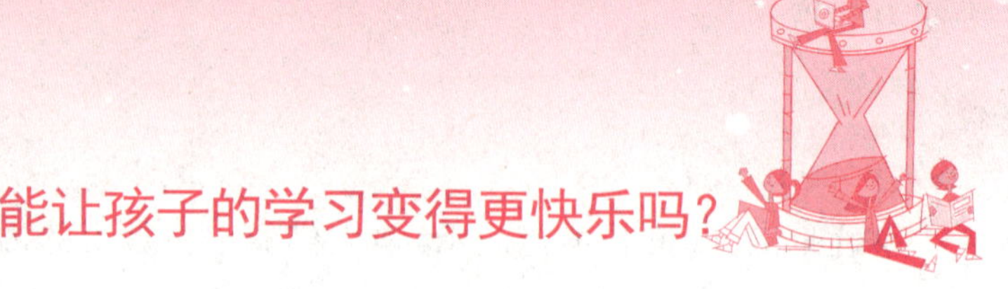

六、能让孩子的学习变得更快乐吗？

孔子在《论语》中有句经典的名句："学而时习之，不亦说（yuè）乎？"意思是，学习后并时常去实践，不是很快乐吗？可见，两千多年前的大教育家孔子就把学习当成了一件很快乐的事。

然而，很多家长并不认同学习是一件快乐的事情，广大中小学生深有感触，觉得学习一点儿都不快乐。不是吗？"书山有路勤为径，学海无涯苦作舟"曾经是教室里悬挂最多的经典标语之一。

中国人自古就信奉"勤能补拙"的道理，很多人天生具有"吃苦精神"。"学海无涯苦作舟""梅花香自苦寒来""十年寒窗苦""吃得苦中苦，方为人上人"，还有"吃苦耐劳""刻苦学习""苦读"等，这些都是家长和学校教师激励孩子学习的话语啊，这意味着学习是一件非常苦的事情。

关于古代人克服重重困难也要学习的例子很多，如"头悬梁""锥刺股""凿壁偷光""囊萤映雪"等。古代人为什么要这样呢？现代人为什么做不到呢？当下儿童学习时能让他们不感

到“苦”吗？如何让学习过程充满快乐？这些仍然是众多家长和教师孜孜以求的学习“迷宫”。

1. 学习是快乐的吗？

“激发生命有机体朝着适合自己的方向发展，最自然的方式就是快乐。”

——怀特海(《教育的目的》)

学习是快乐的还是痛苦的？这个问题争论了很久，至今也没有一个明确的答案。快乐，正如幸福一样，本身是一种感受或体验，每个人的学习体验不同，所以答案也就不同。

案例

学习究竟是快乐的还是痛苦的

玲玲是四年级的学生，学习成绩一般，除了参加兴趣班外，也在学作文、英语和奥数。玲玲谈到学习，觉得学习并不能带给她快乐，为什么要学习呢？爸爸妈妈只想我为他们考高分，然后他们就会高兴，我不想为他们学习了。

小涵同学写了一首诗，引起了许多同学和家长的共鸣。诗的名字叫作《没有钥匙的星期天》，小涵说，自己最近要考钢琴六级，周末除了画画和奥数，中午还要抽时间练钢琴，整个周末都很忙碌。

小狗“汪汪”地兴奋着，
蝉在宣告冬天的结束，春天的到来。
风轻轻地吹着，它貌似在向我炫耀。
我可真羡慕它们啊！
可是我面前这乌黑的大钢琴，
像一个严厉的老师架在我面前，
以及这堆倒霉的钢琴考级作业。
门已锁死，我可不想面对它们。
……我没有钥匙，还不如小树得意。

——小涵

分析

学习，本应该是发自内心地、主动地追求知识并去实践的行为。但是，现在很多学生的学习是被动的，感觉是在为他人而学。真正的学习过程，借用著名主持人白岩松的一句话：“痛并快乐着。”

一方面，对于玲玲和小涵两位小朋友来说，学习毫无快乐可言。因为她们认为，她们是为别人学习的，是家长或老师强迫她们学习的。这样的学习怎么能快乐起来呢？

另一方面，我们看到，奥数、钢琴、画画等科目并不是孩子真正的爱好和兴趣。所以，真正的学习快乐，应该是为孩子自己的学习。

对于学习的快乐，我想，应该有学习过程和结果之分。大多数人可能会认为，学习的过程是痛苦的，而结果是快乐的；不过也有人会有不同的感受，就是觉得结果是痛苦的(比如经过努力，最终失败了)，而过程却是非常快乐的。

快乐与痛苦，无时无刻不伴随在我们左右。所有人都想快乐地学习，没有人愿意为了痛苦而去学习。说到底，学习应该是一个兴趣和内驱力的问题，如果一个人对某项活动或事物怀着好奇心、强烈的兴趣，就会产生内驱力，促使他(她)不知疲倦地学习和探索，在这一过程中，产生了学习的快乐。

相反，如果对某一活动毫无兴趣，或者因为懒惰思想存在，即使这一过程可能存在极大快乐，但假如不去学习探索，可能他(她)终究也体会不到。由此可见，快乐大多体现在学习的结果上，当孩子取得优秀的成绩，辛苦的努力得到回报时，学习的快乐才会显现出来。

建议

发现孩子的兴趣和特长，并加以培养。

按照孩子的个性特征去教育，不随大流、不跟风，不人云亦云。

激发孩子的学习潜能，培养坚韧不拔的意志品质，让孩子能吃苦耐劳。

增强学习活动的趣味性，采用寓教于乐的教育方式，通过表扬和奖励激发孩子持续学习。

帮助孩子树立目标——远大的目标与阶段性目标相结合。

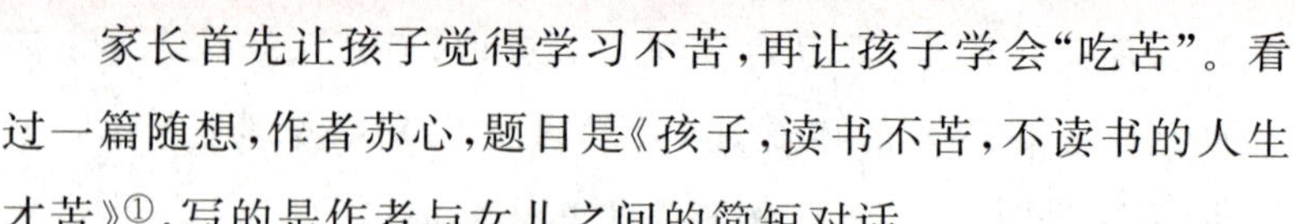

家长首先让孩子觉得学习不苦，再让孩子学会“吃苦”。看过一篇随想，作者苏心，题目是《孩子，读书不苦，不读书的人生才苦》[①]，写的是作者与女儿之间的简短对话。

元旦放假第二天，我从外面回来，看到女儿在客厅玩游戏。

我有点生气：“你又在玩，老师没留作业吗？你怎么一眼书都不看？”

女儿不耐烦地说：“妈妈，我每天做卷子做到吐，读书太苦了，放假就玩会儿呗。”

之后，作者苏心以老家过着贫困生活的舅舅为例，说明不读书带来的苦难人生，又以采访她的记者为例，并现身说法，说明读书给人生带来不一样的命运。这篇随想很好地说明了读书是要吃苦的，读书可以改变命运、成就幸福生活的道理。最后她还语重心长地提出了非常中肯的建议，也是给自己孩子的忠告。

孩子，现在能用汗水解决的事，不要留到以后用泪水，况且，泪水也解决不了任何问题。

当你获得了足够多的知识之后，就会发现，这个世界上有太多美好的东西。

唯累过，方知闲。唯苦过，方知甜。

人生就是一只储蓄罐，你投入的每一分努力，都会在未来的某一天，打包还给你。别人所拥有的，你只要愿意去付出，一

---

① https://mp.weixin.qq.com/s/4YwWtwRWnOh9kKSAfKuhUw，2020-09-15.

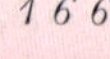

样可以拥有。

如果你觉得读书苦，而选择了放弃，当你没读什么书，就走入社会，你会发现自己就像一个赤手空拳的士兵，在面对命运这位强敌时，你会因没有护身铠甲而被打得遍体鳞伤，毫无还手之力。

那时，你就会懂得，读书不苦，不读书的人生才苦。

别怕吃苦，那是你通向世界的路。总有一天，那些苦会变成你遨游天际的翅膀。

幸而数载寒窗苦，自此阡陌多暖春。

只有让书香深深氤氲过的人，才能轻舟走过万重山，去赏遍万千春色。

规律

在实现学习目标的过程中，孩子要付出努力，这个过程通常是谈不上快乐的。

要想在学习过程中体验快乐，就需要激发孩子探索的欲望和求知的热情。这些都需要教师和家长的精心设计、耐心指导。

家长在培养孩子学习的过程中，更多的是让孩子努力付出劳动，培养他们向上、拼搏的精神和责任感。

孩子在上学阶段的主要任务就是学习，对于这个阶段的孩子而言，努力学习就是他们的责任。我们很难想象，一个人在小时候不努力学习，没有目标，不懂得付出，整天吃喝玩乐，长大后很难在工作过程中肯付出、肯努力、肯拼搏。所以，与其在教育中培养孩子能够自主学习，具备勤奋拼搏的精神，不如从小培养他们积极向上，有责任感的优秀品质，这样踏入社会后才会持续学习，终身学习。

任何事情都不可能一蹴而就，优秀人物也要通过不断努力，辛勤付出才能成功。有人认为乔布斯的成功是因为有着非凡的天赋，但是这种天赋也是在不断经历痛苦，不断尝试失败的漫长过程中形成的结果。

日本著名教育家佐藤学在其《学习的快乐——走向对话》一书中认为："21世纪是学习的世纪。"①所谓"学习"，就是自我的内心世界之"旅"，是自身智慧的"上下求索"，是同自身内心世界的对话。从而，他构建了对话学习的"三位一体"论——重建世界、重建自身与重建伙伴。相信我们中小学老师从中获得的启发最大。佐藤学告诉我们："磨砺衍生快乐。""快乐的学习"会"在磨砺中走向解放"②。

真正的学习快乐应该是"自娱自乐"，即为了自己的学习。正如武志红老师所说的："我们社会的教育体系，都停留在竞争式的快乐层面。"③所谓竞争式的快乐，即一定得我比你强，这样

---

① 佐藤学. 学习的快乐——走向对话[M]. 北京：教育科学出版社，2004：3.

② 佐藤学. 学习的快乐——走向对话[M]. 北京：教育科学出版社，2004：4.

③ 武志红. 时下教育的实质不是为了孩子，而是大人[DB/OL]. https://mp.weixin.qq.com/s/_e8BOv1u_WiSQuCCxxekVg，2020-08-20.

才快乐，否则就痛苦。比如说自己孩子考上中山大学，这本来是一件很值得开心的事，但你一听说别人家的孩子考上了北京大学，你的快乐一下子消散了，转而抱怨自己的孩子为啥就不如人家孩子争气。

2. 能让学习变得更有趣吗？

"兴趣是最好的老师。"

——爱因斯坦

有人认为，孩子之所以不爱学习，是因为"只学不习"。孔子所说的"学而时习之，不亦说乎？"的意思是：学习之后再时常去实践，才是一件很快乐的事。而不是像大多数人理解的那样——学习之后再时常去温习（复习），这样就没什么快乐可言了。

什么是兴趣？它有什么用处？心理学认为，兴趣是人积极探究某种事物的认识倾向。当一个人对某一事物产生浓厚而稳定的兴趣时，他就能积极地思索，大胆地进行探求，并使整个心理活动积极化。具体可表现为积极主动地去感知有关事物，对事物的观察更加敏锐，记忆力加强，想象力更加丰富，情绪会变得高涨，克服困难的意志和决心也会增强，以至于长时间不知疲倦地从事感兴趣的活动。

案例

达尔文的兴趣与成功

查尔斯·罗伯特·达尔文(1809—1882)①

达尔文幼年时期和其他孩子一样,看不出有什么天才的灵感。但从7岁开始,他就对搜集许多风干的植物和死了的昆虫很感兴趣。他还搜集硬币、图章、贝壳和化石等许多杂七杂八的东西。他还爱好在家里做化学实验。为此,他曾受到过他就读学校校长的训斥。那是一所进行古典教育的学校,校长巴特勒博士警告过他:“如果还玩这些与学习不相干的玩意儿,就把你从学校里赶走!”

① 查尔斯·罗伯特·达尔文,英国生物学家,进化论的奠基人。出版《物种起源》一书。

可是，达尔文的父亲却非常支持孩子有自己的兴趣和爱好。他把花园里的一间小棚子交给孩子，用来做化学实验。达尔文8岁时，母亲去世了，在家里一直支持他的除了他的父亲外，还有他的舅舅韦奇伍德。10岁那年，父亲就允许他同老师和同学一起去威尔士海岸度过三周假期，在那里，达尔文观察和搜集了许多海生动植物的标本。

达尔文爱好幻想。一次，他在众人面前宣称，他搜集到的几块化石是价值连城的奇珍，还说有块硬币是罗马造的。人们认为他养成了不好的习惯——撒谎，而他的父亲却说："这说明这个孩子富有想象力，这很可能是一种才能，有一天他有可能会把这种才能用到正事上去。"

达尔文的舅舅则鼓励达尔文把观察到的一切记录下来。达尔文就对每一个标本做了一些简单的记录，有时还画上一些插图。舅舅的要求却更高，他对达尔文说："把你自己想象成一个画家，但是要使用文字而不是用画笔和颜色。当你描述一种花、一种蝴蝶甚至一种苔藓的时候，你必须使别人能够根据你的描述立刻辨认出这种东西来。"

为了使所写的东西更流畅，在父亲的帮助下，达尔文读了很多优秀的文学作品。他读了莎士比亚的全部戏剧和诗，读了司各特的小说和拜伦、柯勒律治、雪莱、华兹华斯的诗歌。他最喜欢的是弥尔顿的十四行诗。精彩的句子，他竟能倒背如流。

在父亲和舅舅的帮助下，达尔文从小养成了搜集动植

物标本的爱好，并富于幻想，学会了做严格的科学记录，也学会了用优美准确的语言来表示自己的观察所得。而这一切，正是他日后做出成就所必需的东西。

达尔文对大自然拥有浓厚的兴趣，加上孜孜不倦地探索，促使他后来成了伟大的生物学家。

分析

这是美国成功学家拿破仑·希尔给儿子的一封信[①]中提到的一个故事。从这个故事我们得到的启示是：兴趣是最好的老师，而且要坚持不懈，并不断发展新的更高层次的兴趣。这一兴趣能够使他战胜许多困难，勇敢探索一切未知的世界。达尔文后来在自传中也写道："就我记得在学校时期的性格来说，其中对我后来产生影响的，就是我的强烈而多样的兴趣，沉溺于自己感兴趣的东西，了解任何复杂的问题和事物。"达尔文小时候的学习成绩并不太好，按照他父亲的说法，"是一个平庸的孩子"，但由于酷爱大自然，对动植物怀有特殊的兴趣，以极大的热情和耐力到野外搜集标本，为他一生的事业奠定了基础。

此外我们看到，达尔文能够成为伟大的博物学家，对人类文明作出巨大贡献，这与他小时候受到的家庭教育影响，父亲及舅舅的热情支持是分不开的。

---

① 肖卫. 为你自己读书[M]. 北京：中国华侨出版社，2007：102-103.

建议

培养孩子的兴趣,需要注意以下几个方面。

(1) 及时发现兴趣点,并给予支持和鼓励。兴趣不是天生的,需要后天培养。所以家长一旦发现孩子有某方面的兴趣爱好,千万不能打消积极性,而应积极鼓励孩子付出行动。当然,要注意发展孩子积极向上的兴趣,而不是追求低级趣味的东西。

(2) 努力培养孩子的多方面兴趣。孩子天生好奇,对周围的一切新鲜事物都很感兴趣,家长需要有一双善于发现的眼睛,及时发现孩子的兴趣爱好,并加以培养。当然,孩子的注意力很容易转移,兴趣点也会经常转移,家长需要做适当引导,及时强化孩子的兴趣,甚至需要把原本枯燥的活动变成十分有趣的内容。

(3) 制定目标以保持和发展孩子的兴趣。家长和老师应帮助孩子规划好自己的学习,还要利用闲暇时间发展兴趣爱好和特长,不断设立阶段目标、层次目标,让孩子带着兴趣一步一步向前迈进。

规律

每个人的兴趣都是广泛的,但若不发现和保持,就会稍纵即逝。

幼年时期的兴趣一定要得到保护和激励,每个儿童的心田里都长满了各式各样的兴趣幼苗。学生只有对学习感兴趣,才能把心理活动指向和集中在学习的对象上,使感知觉活跃,注意力集中，观察敏锐，记忆持久而准确，思维敏锐而丰富，激发和强化学习的内在动力，从而调动学习的积极性。

兴趣是一种神奇的力量，它能使你忘记劳累，甚至痛苦。它会为你学习一门技艺，增添一层斑斓的色彩。古今中外，凡有成绩者无不对自己所从事的事业有着浓厚的兴趣，兴趣推动着他们孜孜不倦地追求而取得成功。

3. 我到底在为谁学习？

少年时期的周恩来总理曾经在课堂上回答过老师的问题："请问诸生为什么而读书？"周恩来总理铿锵有力地回答："为中华之崛起而读书！"他老人家的豪言壮语激励了一代又一代革命先驱为振兴中华，抵御列强入侵而奋斗不止。

今天的孩子们生活在幸福的新时代，理应胸怀祖国，放眼世界。但遗憾的是，有的孩子连学习是自己的责任，学习是为了成就自己的未来都没想清楚，怎么能够为祖国繁荣昌盛贡献力量、为实现人类命运共同体而不懈努力呢？

我到底在为谁学习？[①]

我是一个初中二年级的学生。在家父母视我为掌上明珠。别人都以为我生活得无忧无虑，一定很快乐，但我却觉

① http://www.zzstep.com/766342-download.html，2020-09-10.

得自己活得好累，心理压力越来越重，我认为这种无形的压力主要来自我那爱面子的爸爸妈妈。

我的父母都是知识分子，而且在研究所工作。他们单位同事的子女有不少在重点中学和名牌大学读书，有的甚至在国外留学。为此我的父母也不甘示弱，对我寄予很高的期望。从三岁开始我就学钢琴、英语、书法。上学后父母要求我除了要保持优秀成绩以外，还要通过各种各样的考级。对我来说从来没有双休日和寒暑假。每当我取得一点成绩时，他们便喜欢夸大其词地在同事面前炫耀。

小的时候我还挺得意的，但随着年龄的增长，这种频繁的炫耀，不仅没能给我带来快乐，相反对我却是一种压力，迫使我要样样都使他们满意，稍有疏忽就会引来一通责骂和更多的限制。

我刚升入初中，他们就不停地告诉我，“小玲，你要记住，一定要考上市重点高中，要为爸爸妈妈脸上争光。”我时常在想，我到底是为谁学习？我该如何来摆脱沉重的压力，有一方属于我的自由天地。

分析

这位初二学生问得好——“我到底为谁学习？”

中国的父母历来有“望子成龙”的思想，期望孩子将来能出人头地，因此就把全部的期望寄托在孩子的学习上。自小就让孩子努力学好功课，上补习班，学习各种所谓的业余爱好。最重要的是，父母和老师都极其关注孩子每次考试的分数或成绩，喜欢与好的同学比较。在这种压力下，孩子觉得学习是一种负担，感到身心疲惫。从这个角度看，孩子是为父母学习的，而不是为自己。

最悲哀的就是孩子没有认识到是为自己学习。因为他（她）觉得做作业是一件“苦差事”，没有丝毫自由时间和空间，学习就是为了考上好大学，找个好工作，娶个好妻子，过上好生活。这样就实现了父母的愿望，了却了父母的一桩心事，完成了父母一辈子的大事。几乎所有的家长和老师在苦口婆心教育孩子时都会“语重心长”地说：“我们是为你好！”殊不知，在“我们是为你好”的背后，隐藏着家长和教师的自私心理。

家长以孩子学习成绩好、能考上名牌大学为荣，实则为了自己的颜面，拿孩子当作相互攀比的“道具”。而老师，除了固执地坚守自己的好孩子、坏孩子的标准之外，实则拿孩子的成绩给自己脸上“贴金”，因为孩子学习成绩的好坏，决定了自己奖金的多寡，甚至职位的升迁。所以，在“为了孩子好”的背后，实则是“为了自己好”。

很多父母也没有教育孩子从小要树立远大的理想，为国家、为社会、为走向世界学习。

建议

理解和施行陶行知的“六大解放”，给孩子充分的自由。我国伟大的教育家陶行知先生曾提出“六大解放”理论，即要解放儿童的嘴，使他们能说；解放儿童的头脑，使他们能想；解放儿童的双手，使他们能干；解放儿童的眼睛，使他们能看；解放儿童的时间，干他们自己感兴趣的事情；解放儿童的空间，让他们到大自然、到社会中去扩大视野。陶行知先生说过："有了'六大解放'，创造力才可以尽量发挥出来。"

教育行政部门以及家长和教师都应深刻反思当今教育的弊端，深化改革。学校和社会教育机构应着力进行家长培训，增强家长科学教育的意识，提升家长的教育观念和教育能力。

让孩子做学习的"主人"。我们经常说要"快乐学习"，但如果孩子不能够体会到其中的成就感，学习就是痛苦的。很多时候，孩子在学校里学习，是因为他没有选择的余地，他的内心并不快乐。而当他们在学习过程中，能够感受到自己的进步，能够享受到学习上的成就感时，他们学习的积极性就产生了。当他们在学习过程中"享受过程、感受成功"时，他们就在自主学习，就成了学习的主人。

规律

孩子最缺乏的是学习的自由，最希望获得的也是学习的自由。学习自由权是儿童的基本权利，很多家长和老师并没有把握好这一概念的含义，而往往会侵犯儿童的权利。学习的自由并不意味着"孩子不想学习就不让他学习了"，而是要尽可能给儿童创造学习的条件，激发学习的动机，保障儿童学习的基本权利。

沉重的学习负担使学生身心疲惫，身心健康受到严重影响。《全国中小学生学习压力调查》报告显示，我国中小学生平均每天写作业达 3 小时，是全球均数的 2 倍，普遍睡眠时间不足

7小时。

学习成绩不是评价孩子素质唯一的标准。孩子成绩的优劣，也并非决定着未来。面对沉重的作业，面对造就出如此多的高分低能者，作为家长，尤其是教育工作者，真的应该反省，绝不能让畸形教育毁掉孩子，毁掉我们的未来。

4. 孩子为什么学得那么累?

时下，伴随着课业负担重的事实，还流行着一股风气，那就是：教师期望每个孩子门门功课都能得满分。这样一来，让孩子考高分，甚至考满分，也成了很多父母的心愿，所以他们拼命地创造各种条件，努力让孩子去考100分。但是，考100分真的那么重要吗？难道孩子的成长就跟100分绑定在一起了吗?

分数的“通货膨胀”①

小明的爸爸：“老师，小明这次考试考了多少分?”

小明的老师：“语文93分，数学95分。”

小明的爸爸：“那很不错啊，比我上学时强多了，谢谢老师。”

---

① https://mp.weixin.qq.com/s/gmAY3ktqZoKQHcLOJLAItQ，2020-09-22.

小明的老师："小明爸爸啊，小明这个成绩在班上是倒数第二名了。咱班双百分有一多半呢。"

小明的爸爸："啊……"

小明的老师："小明挺聪明的，就是有些贪玩儿，这个成绩已经拖咱班后腿了，请您多督促他学习，多做题。好吗？"

小明的爸爸："呃，好的。给老师添麻烦了，我们一定改正，一定改正。"

于是，相对于上学期，小明本学期的周末作业同比增长了 50%，补课时间同比增加了 50%，娱乐时间同比减少了 80%，同时，小明家的教育开支增加了 40%，全家的"争吵指数"提高了 60 个百分点，"幸福指数"下降了 80 个百分点。

下学期，小明终于收获了语文 98 分，数学 99 分的好成绩。然而，不是只有小明一个人在战斗。在小明暗中使劲，成绩提高的同时，其他同学和家长也在各显神通，成绩也都水涨船高。结果，小明的总成绩排名还是在班级后列。看似小明和全家付出了更多的努力，可这些努力完全"无用"。

最后小明无奈地摇摇头，叹口气说："我什么时候才不需要学习啊？为什么我学得这么累啊？"

分析

小明学习成绩很好，但与班上其他同学相比，却排在倒数第二，要想独占鳌头，就得考 100 分了。这不禁让小明感到气馁，还感到很累，对学习有种“暗无天日”的感觉。很明显，学校和家庭都在给孩子施加压力，孩子的学习不堪重负，甚至在学习的重压和全家出动、全力以赴的情况下，仍然叫苦不迭、苦不堪言。

孩子不爱学习是因为缺乏学习动机。动机是很重要的学习要素，但大部分成人谈论的动机，通常是通过考试、考上某个大学等短期动机。研究显示，如果没有更大的“目的”存在，短期目标和动机通常会徒劳无功，而且很快在毫无方向的活动中消耗殆尽。另外，如果一味强调学习成绩，忽视其他方面的学习和引导，最终也会消耗掉孩子仅有的一丝学习兴趣，导致厌学、弃学。

国际数学大师、著名教育家陈省身先生曾给中国科技大学少年班题词：不要考 100 分！这让很多为人父母者非常不理解——谁不希望自己的孩子考 100 分啊？

对于“不要考 100 分”，时任中国科技大学校长朱清时先生非常理解其中的深意，他指出：“少年班的学生做学问，掌握精髓要义，考个七八十分，就可以了。不要为了考 100 分在细枝末节上浪费时间。原生态的学生一般考试能得七八十分，要想得 100 分要下好几倍的努力，训练得非常熟练才能不出小错。而要争这 100 分，就需要浪费很多时间和资源，相当于土地要施 10 遍化肥，最后学生的创造力都被磨灭了。”朱校长这番话应引起中小学教师的高度重视和反思：孩子的学习成绩和创造力，到底哪个更重要？

建议

父母需要认清的是，孩子的成长比成绩更重要。对于孩子来说，高分，永远是次要的，成长才是主要的。

教育者，包括父母在内，应该教给孩子全面发展所需要的东西，如成熟的心智、健全的品格与高尚的道德情感、强大的心理承载力、达观健康的生活态度、孜孜不倦的学习热情、受益一生的良好习惯、从优秀到卓越的能力基础、人际交往的大智慧等。而这些，更多的是在家庭中靠父母言传身教进行培养的。老师和父母不能仅关注孩子的学习成绩，而不顾孩子的学习重压。

父母要帮助孩子明确学习的目的。老师和父母不能直接给予孩子一个人生的目的，而必须用引导、用身教和对话，帮助孩子迈向目的之路。父母还要让孩子明白学习的意义和价值，并用爱去激励孩子的学习热情。

规律

活在爱中的孩子最爱学习。

只有具有明确的学习目的和目标，孩子才会真正爱上学习。

美国斯坦福大学教育研究所教授威廉·戴蒙（William Damon），是当今世界研究青少年发展和品格教育最杰出的学者之一。他心急于这一代年轻人普遍面临漂浮不安、不想做任何承诺的现象，透过长期、大规模的研究访谈，发现他们的生命

美国斯坦福大学教育研究所教授威廉·戴蒙

缺乏“动机的来源——目的感”。他认为[①]有以下几点。

(1) 有目的感的孩子,学习动力强

动机是很重要的学习要素,但大部分成人谈论的动机,通常是通过考试、考上某个大学等短期动机。

研究显示,如果没有更大的“目的”(purpose)存在,短期目标和动机通常会徒劳无功,而且很快在毫无方向的活动中消耗殆尽。

戴蒙看到有目的感的孩子,都有高度动机,为达到预期目的会自动自发地学习技能和知识,也展现了少见的务实效率。

(2) “完成一件对世界有意义的事”动力最持久

很多目标是自我导向的,例如,我要一辆很炫的车、穿漂亮的衣服让人家称赞我很美,或想要累积自己的财富、光环、荣耀。

---

① 斯坦福教授:父母如何帮助孩子找到目标和动力?[DB/OL]. http://www.sohu.com/a/231585823_715491,2020-09-25.

这些是目标，并不是人生目的，因为它们不会带给你“完成一件对世界有意义的事”的满足感。当然，这类自我导向目标和最终的人生目的可以同时并行，为了赚大钱，你可以开发一种计算机产品，也因为你相信可以帮助更多人探索世界。

例如，医学院学生永续的学习动机应该是：“有一天我当了医生，就可以帮助、医治更多人。”如果一直想到这个目的，就有持续学习的动力，就有能量，不仅为参加考试，而是为了救助更多的病人而学得更好。

（3）恐吓难持久

你可能用恐吓的方式来吓孩子：“如果没考好的话，就有哪些严重后果。”让孩子有短期的学习动机，但孩子不会出于兴趣自己把书拿出来读。孩子必须知道为什么，才会全心全意、自动自发地去念书，而非被恐吓鞭策。

（4）父母应该问“对的问题”

我对什么有兴趣？我做什么最享受？

我最擅长什么？我的才能在哪里？

这世界需要什么？世界有哪些问题、机会，可以发展成我帮助别人的所在？

同时要让孩子了解，承担任何一种任务时，不要半途而废，要真正完成某件事，即使那件事很微小。要让孩子看到不负责任的结果，比如养一盆植物不浇水就会黄叶、枯死，这些都是在家中可以教导的。

七、如何教会孩子面对学习困难与挫折？

古人克服学习困难的例子很多，也有无数激励孩子学习的故事。

学生最害怕的是受到老师的讽刺、挖苦和瞧不起。这对他们的打击是最大的。美国发明家爱迪生的故事，想必大家都知道。爱迪生上小学时，因为兴趣与众不同总喜欢在课堂上提一些“另类”的问题，被老师斥为“低能儿”而被撵出校门。

幸运的是，爱迪生的母亲最了解自己儿子的兴趣，她不认为儿子的兴趣是不务正业。她为儿子创立了良好的条件，给爱迪生开辟了实验室，支持孩子的小科学实验，从而使爱迪生的发明智力得到了充分的发展，终于发明了电灯泡、电报机、留声机等。我们的老师，要向爱迪生的母亲学习，不要做校长那种人。

1. 父母该如何陪孩子学习？

“有理想的人能在逆境中看到希望，在黑暗中看到光明。因为他人逆境只是过渡，黑暗也只是一时的过程。”

——罗曼·罗兰

案例

谨慎父母陪读这一“杀手”①

一个作业次次都得“优”的孩子，在一次考试中，竟然考了个不及格，看着满是红叉的试卷，老师找来男孩对话。

在老师的引导下，孩子说出了心里话：“每天晚上做作业时我都想快点做完，因为只有做完作业才可以上网。”

“那你不怕作业出错吗？”老师问。

“不怕，因为妈妈每天都要检查我的作业，有一点点的错误，妈妈都会发现。”男孩自豪地说。

“那你遇到很难做的题怎么办？”“我想都不用想，就告诉妈妈我不会做，妈妈就给我讲。”

“妈妈给你讲了，你以后遇到类似的题目会做吗？”“我当时很明白，但是再遇到类似的题目，在妈妈的提醒下我会做，要是没人告诉我用哪种方法，我就不会做了。这次考试就是这样，看着这些题目都很熟悉，就是想不起用什么方法来做。”

分析

案例中的孩子，每次作业都得“优”，但考试却“不及格”。原因是他做作业完全依赖母亲的帮助，失去了学习的自主性，

① https://mp.weixin.qq.com/s/K2Q2Zg4L7HXNdjPU4FYpXA，2020-12-16.

那么，失败就在所难免了。

10岁左右的孩子，虽然很多事情已经有了自己的想法，但毕竟是孩子，爱玩是天性，他们总想快点把作业做完然后去玩，于是很多坏毛病便从他们的作业中体现出来，如粗心马虎、不认真思考问题、考虑问题不全面……如果没有家长的参与，孩子就会为此而承担后果——挨老师的批评。

家长在为孩子检查作业时，把他们的错误都指出来了。这时，孩子就懒得去思考了，他们有时甚至不知道自己错在哪里，就照着父母所说的答案写上了，更不用说去改正坏毛病了。家长这一做法明显剥夺了孩子承担自然后果的权利。并且，当孩子有了依靠时，孩子学习的兴趣和学习的信心都会明显地降低。

建议

家长要教会孩子自己查找作业中的错误。家长首先要培养孩子学习的自信心，鼓励孩子克服困难的勇气。不是每次作业都事无巨细地代替孩子检查，一旦孩子自己能够发现错误要立即表扬。有意识地培养孩子的专注力，启发孩子思考问题的方式方法。

家长应与孩子进行必要正常的交流。和善的交流可以拉近家长与孩子之间的距离，可以了解孩子的内心。同时可以通过与孩子间的交流，把一些只有在孩子出错时才“教训”的道理自然而然地灌输给他。把对孩子的评价在日常谈话中自然地表露出来，既不会让孩子感到你是在“有意表扬”他，还可以让孩子了解你的观点和看法，增强自信心。家长与孩子除了学习上的交流，还应有思想上的交流。通过平等和善的对话，家长要成为孩子的朋友，而不是孩子的领导。这样孩子就会得到一种人格上的尊重，对于强化自律意识是有好处的。

家长要让孩子自己选择学习的方式。要自觉就必须自主，没有自主的自觉是不能长久的。因此，在孩子的学习方式上家长应给予其充分的自主权，让孩子在一种适应他自身喜好的、轻松愉快的环境中去学习。在孩子的学习过程中，家长只提出总体的要求，具体的细节让孩子自己去把握，更能激发孩子的学习自觉性，增强学习效果。让孩子自己选择学习的方式，学习就会成为一件快乐的事情。

规律

父母是在陪伴孩子学习与生活的过程中让孩子学会自主自立的。父母陪伴孩子学习，不等于看着孩子写作业，更不等于帮孩子写作业。因为，“什么都替孩子做，孩子就越不会做”①。这一推论可以延续到父母年老的时候。著名心理学专家洪兰博士还认为，做父母第一件事就是要把自己照顾好，才有余力照顾孩子，父母的健康是孩子的幸福。

父母陪伴是孩子学习和成长的最好环境支撑，更是一项自

① 洪兰. 自主学习，决定未来[M]. 北京：光明日报出版社，2017：40.

我的“精神修行”，但学会如何陪伴才是首要的和关键的。《陪伴式成长，和孩子一起成为更好的自己》[①]一书揭露的核心秘密是，与孩子们交流时，唯一有效的方式就是陪伴他们。第二个秘密是，育儿也是一个自身成长的过程，你的孩子就是你最好的老师。

孩子在学习和成长过程中，遇到困难、失败、挫折都是常有的事。跌倒了并不可怕，可怕的是气馁和一蹶不振。

据说，在芬兰最常见的现象之一是：老师教孩子“习惯性跌倒”[②]。“最有意思的事情往往并不是成功本身，而是在成功路途上的艰辛成长与蜕变。”

芬兰的孩子普遍从 4～5 岁起学习滑雪——这是芬兰传统的运动之一，而他们的第一堂滑雪课，就是练习跌倒。教授孩子某项运动时，我们总是下意识地想知道：要怎么给孩子传授正确的动作，才能防止他们受伤和跌倒呢？但芬兰人的思维是反过来的，他们希望孩子先搞清楚一点：跌倒是最正常的事情。

具体怎么做呢？芬兰老师会亲身示范：整个人倒在雪地上，然后一步一步爬起来。接着，一声令下！十几个孩子就会听话地倒在地上，四脚朝天，跌得可真实了！

---

① 苏珊·施蒂费尔曼. 陪伴式成长，和孩子一起成为最好的自己[M]. 于娟娟，译. 厦门：海峡出版发行集团，鹭江出版社，2016：5.

② https://mp.weixin.qq.com/s/G-DUzpI5v8XTyLqXJkQmnQ，2020-12-23.

不仅如此，为了让跌倒变成更好玩、更自然的事，老师还会跟孩子玩起类似“老鹰捉小鸡”的游戏。扮演小鸡的小朋友被捉到时，就要马上假装跌倒，然后爬起来……整个过程中，大家会轮流跌倒，气氛特别欢乐。

整个过程中，孩子们不仅掌握了跌倒之后如何爬起来的正确姿势，更学到了对整个人生而言都非常宝贵的一课——人生就像滑雪，充满意外和挫折，跌倒很正常，只要勇敢地爬起来，就好了。

2. 失败对孩子意味着什么？

“失败也是我需要的，它和成功一样有价值。”

——爱迪生。

案例

一颗小行星从此叫“白雪霏”[1]

今年在美国举行的全世界高中生顶级科研赛事——第59届英特尔国际科学与工程大奖赛上，白雪霏的课题《南蛇藤抗衰老作用及机理研究》获得二等奖。为此，美国麻省理工学院林肯实验室向天文台申请获准，以白雪霏的名字命名一颗小行星。

---

① http://news.hexun.com/2008-11-28/111756591.html,2020-12-23.

白雪霏的指导老师娄维义介绍,“南蛇藤抗衰老性能”的研究,白雪霏花费近一年心血,最终交出了一份长达30页的规范英文论文。在上海市“明日科技之星”、全国“明天小小科学家”等评审现场,很多专家评价:“她的研究水平甚至超过了不少硕士研究生。”清华大学等名校因此提前向白雪霏抛出“绣球”。

“从进校时连什么叫课题都不懂,到后来在国际上获奖,这是一条‘光荣的荆棘路’。”白雪霏说,光荣背后,有很多无法想象的艰苦和失败。“比如,我做南蛇藤研究时得了个‘果蝇之母’的绰号。因为当时养了上千只果蝇,每天去喂、观察实验进展。但果蝇的实验周期太长,半年后宣告失败放弃,转用酵母。酵母实验每两个小时观察一次,去年寒假下大雪最冷时,全校只剩我一个人,晚上和衣睡在没有空调的实验室里,实验间隙跳着脚取暖……”

一个个课题,白雪霏在失败、枯燥的探索路上坚持前行。“我相信,只要坚持下去,就一定能看到结果”。其中,还有老师的扶持。娄老师上的第一节科技创新课让她记忆犹新:不是讲生物知识,而是讲如何做人,学会尊重别人、学会合作、学会感恩、不自私自利……“这是任何一个大奖都无法比拟的财富。”白雪霏觉得,同学的带动和鼓励也很重要。“只有合力,才能整体提升水平。”

截至目前,华师大二附中学生已连续8年登上英特尔国际科学与工程大赛领奖台,获奖数位居全国第一。校长何晓文透露，营造创新氛围和注重做人教育，是可持续发展的“秘诀”。该校每位学生三年都要完成100个实验、至少完成一个课题，科学探索风气很盛。学校还注重感恩教育，白雪霏就捐出1万元奖金给学校的科创基金：“没有学校，我不可能有这样的成就，这些捐助可帮助更多低年级同学从事科学探究。”

分析

白雪霏获得第59届英特尔国际科学与工程大奖赛二等奖，她成功了。她的成功首先来自个人的努力和拼搏，来自她“在失败、枯燥的探索路上坚持前行”的坚强的意志力和抗压力。无疑，学校和家庭为她提供了成功的“挫折教育”，就是一种面对困境、失败的倔强和执着。

细致分析，我们不会否认，白雪霏的成长环境肯定是很好的，也得到了家长、老师和同学的大力支持。没有家长的支持、老师的指导、同学的带动和鼓励，她不会取得这么大的成功。然而这些都是外在因素，成功的关键要靠个人的努力和坚持。

建议

家长面对孩子失败的正确态度、对成功的正确理解也很关键。此外，家长和老师给予孩子体验成功的机会能够激发孩子树立学习信心，战胜困难。

旅美教育家黄全愈先生说过：大多数中国家长心目中的“成功的孩子”内涵很窄。只有那些高考拿高分、能上名牌大学或能出国留学的，才能称得上是“成功”①。他认为，这是一种典型的应试教育的观念，是要不得的。“成功的家庭教育从改变观念开始”，中国家长应具备素质教育的观念，我们应该理直气壮地告诉孩子：“当你的潜能得以最大限度地发挥，你的素质得以全面地发展，你就成功了！”②

要让孩子学会“输得起”，因为输得起的孩子最成功。中国有句古话叫“失败乃成功之母”，但时至今日，我们已成为一个缺乏失败教育的国度。

芬兰人的“失败教育”可以说是用一个极端去击碎另一个极端——当这个世界越来越迷恋成功学，适时地让孩子主动尝点小失败，才能鼓励他们走出“舒适区”，积极试错，从而收获更多可能性。

规律

任何人都不可能随随便便成功，成功只能来自不怕失败，勇于拼搏。成功是有规律可循的。兴趣是最好的老师，是持续学习和工作的不竭动力。科学家的成功，源于他们对科学的兴趣、信心、勤奋、执着、探索等。我国现行的教育体制培养出了

---

① 黄全愈.走出家庭教育的误区[M]武汉：长江出版传媒，长江文艺出版社，2017：21.

② 黄全愈.走出家庭教育的误区[M]武汉：长江出版传媒，长江文艺出版社，2017：23.

很多英才，但他们中的很多人为何不能攀登事业的顶峰？关键是个人对科学的兴趣、执着和意志以及创新能力的缺乏。

激励孩子在未能取得成功时继续努力，是极为重要的[①]。关键是要让他们即使明知直接认输会更加轻松，内心仍然充满力量，努力跨越绊脚石。然而，满怀激情和快乐地去追求梦想，与强迫自己去做不可能实现的事情，是完全不同的。

孩子需要认识到，如果他们未能达成期待的目标，可以尝试别的方法，暂时休息一下，或者顺其自然，不要认为只有取得某个结果才不算失败，失败也并非末日。一路磕磕绊绊，跌跌撞撞，不断摔倒，我们往往就是这样抵达目的地的。

3. 如何教孩子学会面对挫折？

案例

找准孩子情绪变化的原因[②]

陈欣怡（化名）数学这次又没有考好，他已经做好了回家挨“板子”的准备。回到家后，他把成绩单往客厅的茶几上一扔，就回到了自己的房间，晚饭也是在战战兢兢中度过的。

---

① 苏珊·施蒂费尔曼．陪伴式成长，和孩子一起成为最好的自己［M］．于娟娟，译．厦门：海峡出版发行集团，鹭江出版社，2016：170.

② https://mp. weixin. qq. com/s/K2Q2Zg4L7HXNdjPU4FYpXA，2021-02-11.

面对儿子并不如意的成绩单，一对明智的父母是这样做的：

晚饭后，爸爸妈妈什么也没说，回到自己的卧室里看电视去了。孩子实在坐不住了，心想：难道是爸爸妈妈没有发现我的成绩单？于是，他悄悄地来到客厅，在他的成绩单旁边，看到爸爸妈妈给他留了一张便条。

儿子：

爸爸妈妈知道这次没有考好，你心里也很难过。你不必紧张，爸爸妈妈不会惩罚你，因为惩罚孩子永远都不是目的。

爸爸妈妈相信你肯定不会放弃努力的，因此，在下次考试时，我们不要求你考得多么好的成绩，只要比这次的成绩前进一点点，我们就会很满意。

永远都支持你的爸爸妈妈

读了爸爸妈妈的便条之后，这个小男子汉在自己的日记里这样写道：

我是轻易不流泪的，但我被爸爸妈妈的理解和尊重感动得流泪了。在拿着成绩单进家门的那一刻，我都做好了与父母吵架的准备。但现在我知道了，那是没有必要的，我的父母是天底下最懂儿女的父母！是世上最好的父母！

分析

当今中小学生学习负担过重，很多孩子面对学习的巨大压力。在学校和家长都希望减负，但又一直减不下来的情况下，孩子的身心健康就受到了威胁，他们心理压力大，身体疲惫，影响到日常的睡眠和饮食，因而造成情绪低落，烦恼无尽。

案例中这对父母非常了解孩子的内心世界，理解孩子的心情，采用合理、宽容的态度对待孩子的学习成绩，适当给孩子减压，收到了较好的效果。同时，也向孩子表明了态度，给予孩子积极的鼓励，激励他释放心灵，排解郁闷，不怕困难，奋发向上，勇于面对困难、失败和挫折。

建议

家长应允许孩子适度表达自己的情绪。面对孩子表现出的悲伤或软弱，父母一定不要呵斥，应该让孩子尽情地发泄心中的郁闷，只要孩子发泄够了，他自然会恢复心情的平衡。当然，如果孩子需要父母的帮助，父母应该及时安慰孩子，用相同的心理去感受孩子的情绪，努力引起孩子的情感共鸣，从而缓解孩子的不良情绪。家长可为孩子准备一个沙袋，允许孩子对着沙袋发泄情绪；允许孩子养小动物，当孩子不愿意向父母倾诉时，可以鼓励孩子对着小动物倾诉；鼓励孩子跑步、做运动发泄情绪……这些都是帮助孩子发泄情绪的好办法，但最重要的一点是，父母要理解和认同孩子的情绪，允许孩子自由表达悲伤和软弱。

培养孩子的受挫能力，家长可以试试以下几招①。

① https://mp.weixin.qq.com/s/3wbfT7XEPTBvqcg7_0o6dA，2021-02-22.

（1）让孩子学习不畏挫折的榜样人物，失败时想想他们。家长平时多给孩子讲讲那些不畏困难、越挫越勇的历史人物（如林肯、霍金、海伦·凯勒）或电影里的励志人物（例如，《阿甘正传》里的阿甘），让这些人物成为孩子成长道路上的励志灯塔，失败了就想想他们的遭遇，那么自己眼前的困难真的不算什么，也让孩子坚信只有意志力坚强的人才能最终走出困境。

（2）注重孩子的能力培养，能力越强，失败的概率就越低。孩子在竞争时的失利，归根到底就是自己的能力还需要提高。所以，家长要注重培养孩子在某些方面的能力，能力越强，迎接挑战时失败的概率越低。

（3）给孩子提供考验自己的平台，培养承受挫折的勇气。不要因为害怕失败就逃避挑战，经常在战场上奋勇作战的人，经验、勇气、智慧要比一般人强。所以家长可以多给孩子提供考验自己的平台，敢于竞争、乐于接受挑战，乐观面对成功和失败。

（4）适当地通过批评和忽视的形式，让孩子接受和习惯挫折。父母如果一味表扬孩子做得好，他们容易自以为是，也会形成争强好胜的性格。所以，家长需要适当地通过批评和忽视的形式，让孩子不要总把结果看得太重，也不要把自己看得太重要。比如，当比赛失败时，要真诚坦然地向他人表示祝贺；在游戏中，不一定让孩子每次都做主角；犯错时，适当地承受批评与惩罚……学会自我调节各种挫折情绪，接受和习惯挫折，是孩子的必修课。

(5) 通过生活中的点滴案例,让孩子逐渐接受逆境教育。生活中的很多案例,都可以成为给孩子进行逆境教育的绝好范本。家长可以和孩子讲讲新闻里一些感人的奋斗故事,或者在和孩子看奥运比赛的时候,和他们一起感受运动员不畏困难、勇敢挑战自己的情景和故事……这些都是可以给孩子带来坚强和信念的精神养料。

规律

家长应关注孩子的心灵世界,做孩子身心疲惫时随时停靠的"港湾"。家长应该是孩子学习和成长道路上的引路人和帮助者,而不是监督者和管理者,应激发孩子内在的潜能和动力,辅导以科学正确的学习方法,让他们保持旺盛的学习兴趣和正确的学习动机,不畏艰难,勇往直前。

学习成绩好并不代表一切都好。当周围人都以成绩作为判断一个人价值的标准时,你也会不自觉地认同。成绩好只代表你在知识掌握上比别人好,在考试中你发挥得更好一些。然而,我们往往会被误导,学校选举三好学生、优秀干部全是以成绩为导向的,似乎认为学习成绩好就意味着这个学生是优秀的。其实这是一种错误的观点。用"高分低能"的说法来比喻一些成绩好的学生固然有些片面,但至少反映了一批学生的确如此,他们只关心学习成绩,而学习之外的事情不闻不问。这样的"好学生"将来对家人、对社会又有多大价值呢?

恰当地利用挫折教育、逆境教育和成功教育,能够帮助孩子克服自卑、胆怯心理，勇敢面对挑战。家长或老师应该把握尺度，不应故意设置障碍或羁绊让孩子经受各种无意义的“考验”，而应有的放矢，因人因事而异，培养孩子的责任感、意志力和自信心。

4. 学习与兴趣“打架”了怎么办？

案例

练钢琴和写作业“打架”了怎么办？①

我有一个朋友，她女儿从4岁开始学琴，而且，特别有天赋。有一次，我们去她家玩，小女孩随手弹了一曲，把大家都惊呆了。我当时就认定：我儿子这辈子，是赶不上人家的钢琴水平了。

可是，几年以后，等我再去她家玩耍的时候，小女孩已经没法弹出一首完整的简单曲目了。我问女孩的妈妈怎么回事，妈妈说，小时候弹得好，是因为没有学业压力，有很多闲暇时间可以练琴。但是上了二年级以后，学业压力骤增，“读英语做数学都能搞到晚上10点半，哪儿还有多出来的时间练钢琴啊？”

---

① https://mp. weixin. qq. com/s/oheKwKRYN5TMwgV7cm23Dg，2021-02-15.

其实，很多家长和我的朋友一样，每当遇到孩子学业有压力时，一切活动都为写作业让路。可是，钢琴这门艺术是捡起来困难，丢下去简单。都费心费力练习那么多年钢琴了，最艰难的基本功学习阶段都已经过去了，为了写作业放弃，岂不是太可惜吗？

于是，我把9岁的儿子拉过来，一本正经地说：“我和你立个约定怎么样？”儿子问：“什么约定？”我说：“我承诺，开学以后，你每天只需要弹30分钟钢琴，我不给你增加一分钟。但是，你也必须承诺我，在弹琴的30分钟里，你一分钟都不许走神，走神一分钟，补弹两分钟。”儿子立刻点点头，说：“好，没问题。”

我本来没对儿子的承诺抱太大希望的，没想到，在接下来的日子里，每次儿子练琴，每次他一走神，我只要严肃地说一句：“你答应过妈妈什么来着？”他就完全不用我再提醒，又全神贯注地弹起琴来。

分析

这位妈妈非常有办法，她和9岁儿子“约法三章”让他练习弹钢琴，收到了意想不到的效果——儿子能够自觉地、全神贯注地坚持下去。相反，她朋友的女儿就做不到了，因为课业负担重而逐渐放弃了练习，4岁时就弹得一首好听的曲子，几年后竟然几乎不会弹琴了，很是可惜。

依据这位妈妈的成功做法，各位家长，假如您的孩子也遇到弹琴和写作业“打架”的情况，不妨模仿着这样做。

(1) 开学以后，弹琴必须坚持，所谓“学而时习之”。但是练习可以适当减量。比如，暑假的时候，如果孩子每天间隔性地练习 3～4 次，一共练习 1 小时左右，那么开学以后，不妨就减少练习的次数，每天只练习 1～2 次，总共练习 15 分钟到半个小时。此外，练习的时间最好安排在完成作业以后，如果作业太多，插空练琴也未必不可。如果孩子能把弹琴当成调节情绪和大脑休息的方法，那最好，如果不能，也不要让他感到太大的压力。

(2) 放学以后时间有限，那就需要学会提高效率，充分利用时间——这是所有人都懂得的道理。孩子放学以后都是又累又饿的，饥饿的孩子脾气暴躁、分心、有情绪，没效率。这时候可以给他们吃点儿点心，放松一下，有助于他们更好地集中注意力。如果是精力充沛的男孩子，放学回家不一定马上开始写作业，可以让他们到室外奔跑活动一段时间，释放掉过剩的精力以后，他们的效率会得到明显的提高。以上两点能够做到的话，我想您的孩子也会像案例中这位妈妈的儿子一样将写作业和弹钢琴处理得很好。

建议

(1) 约法三章。和孩子一起制订好学习计划和练习弹钢琴计划。告诉孩子只要合理安排，是可以把两件事情都做好的。约定好的事情就要坚持执行和完成，不能做到的可以给予适当

的惩罚或取消原定的奖励。

(2) 信守承诺。如果我们想让自己的孩子重视承诺,那我们自己首先要做一个信守承诺的大人。比如,你平时答应带孩子去哪里玩耍,陪他多长时间,给他买什么玩具等,就不能随口说说,而应尽力做到。孩子的行为往往是父母行为的影子。

(3) 充分信任。很多父母都希望陪在孩子身边,时时刻刻地监督他们把作业写好,钢琴弹好。殊不知,你越把他们当小孩,他们就越表现得像没有责任心的小孩。所以,如果孩子已经足够大了(比如小学一、二年级),那么,在他们写作业和练钢琴的时候要经常对他们说:"爸爸妈妈相信你,可以自觉写作业。""爸爸妈妈相信你,可以自己解决作业里碰到的困难。""爸爸妈妈相信你,可以自己搞清楚曲子里那些特别难的音符怎么弹。""爸爸妈妈相信你,可以集中注意力,提高学习效率。"

(4) 学会放手。放手的前提是,你在之前已经和孩子一起制订好了学习计划,并给他养成了很有规律的学习习惯(比如,每天放学回家先吃点东西,再立刻写作业、弹钢琴,然后才能自由活动)——千万要记得,"规律"和"习惯"对孩子来说,比任何说教都重要!在孩子写作业和练钢琴的时候,离他们近一点,这样,如果他们需要帮助,你随时都可以出现。一开始,你可能需要去检查几次他的作业,但你不需要去教他做每一道题。孩子如果真有不会做的题,没问题,等待,让他自己想办法找答案,或者回头去问老师。真有不会弹的曲子,也让他去和老师

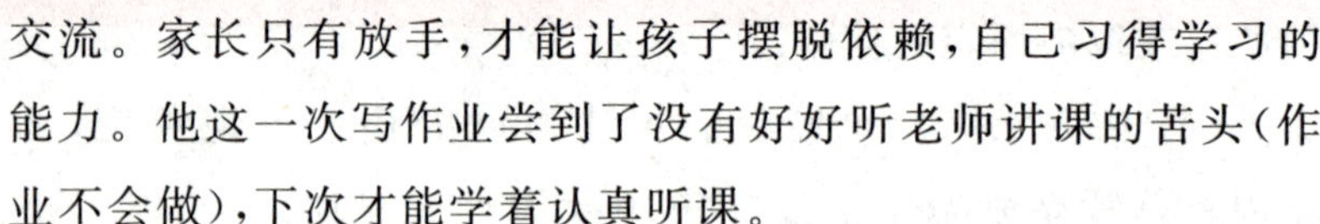

交流。家长只有放手，才能让孩子摆脱依赖，自己习得学习的能力。他这一次写作业尝到了没有好好听老师讲课的苦头（作业不会做），下次才能学着认真听课。

规律

培养孩子良好的学习习惯与提升学习和做事的能力是并驾齐驱的。没有良好的习惯是很难提高各项能力的，而在提升孩子各方面能力的同时也会逐渐培养他良好的学习和行为习惯。

通往成功的道路上总是有很多挫折，只有依靠坚持不懈的努力，才能拨开云雾见天日。困难、挫折、逆境甚至失败都不可怕，可怕的是不敢面对，努力克服它们。所谓“初生牛犊不怕虎”，当孩子们不计较成败，或者说，不害怕失败时，他们就能轻装上阵，不会为常识所限制。

5. 孩子，你的学习动力从哪里来？

学习动力，就像一台发动机，有了它，就能不断驱动你向前的步伐。

2020 年春，一场突如其来的新冠肺炎疫情席卷了神州大地。面对疫情肆虐，教育部专门发文要求“停课不停教，停课不停学”。各地教师宅家上网课，广大学子居家通过网课学习。请看下列一组照片和介绍。

案例

同学，你认真学习的样子真好看[①]

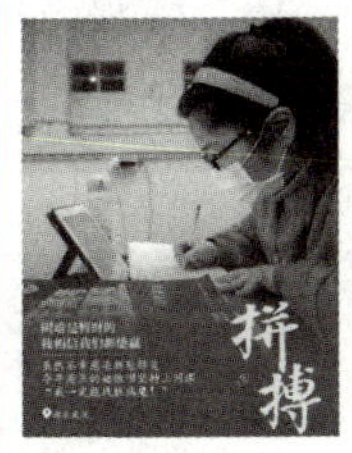			
武汉方舱医院。17岁的高三学生黄玉婷确认感染新冠肺炎后，在方舱医院隔离治疗的时候，仍然坚持上网课。“与病魔做斗争，也是蜕变成长的机会。困难是暂时的，我相信我能赢！面对高考，我也要全力以赴！”她自信地说道。	西藏昌都，斯朗巴珍正在雪山顶上上网课。家里信号一直不稳，她每天都叫上妹妹，拿起手机和笔记本就向家后面的山上跑去。一路走、一路试，大约30分钟后，快到山顶的地方，视频中的教学画面开始流畅。斯朗巴珍虽然冷，可也表示：能和同学们一起听老师讲课，这种感觉太好了！	四川广元。16岁女孩小杨家住旺苍县燕子乡金银村，在旺苍中学高一读书。最近一段时间，她每天都要步行几公里，到冰冷的悬崖边上坐着，一坐就是好几个小时。她的母亲每天同样要走过这条漫长而又艰难的路给她送饭。疫情来袭，开学延迟，悬崖边成为她继续求学梦的寄放点。	河南南阳淅川。照片中的男生叫小通，是今年参加高考的一名高三学生，成绩在班里一直名列前茅。特殊时期，学校给孩子们上网课，小通家没有安装Wi-Fi，但邻居家有。上午8点，他准时搬个小凳子，在家里平房的屋顶，蹭邻居家的网络。因为这里信号特别好。

① https://baijiahao.baidu.com/s?id=1660029032895967073.2020-03-02.

分析

3月2日,《人民日报》公众号刊登了一组疫情期间学生学习的照片,这里是随机选取的四张。通过四位同学的照片和照片下面的简单介绍,我们了解到,他们在疫情期间"停课不停学",靠着一股韧劲和坚强的意志力坚持学习。他们认真学习的样子,就是一道道最美的风景。

他们都是十六七岁的青少年,正值青春年华,读书学习是他们追求美好生活的动力。他们都是面临高考的莘莘学子,都有一种强劲的学习动力。因此,即便在山高路远、天寒地冻、网络隔断的情况下,仍然能克服重重困难,坚持学习。这需要多么大的动力啊!

由于地域不同,网络信号强弱不一,对于很多学生来说,要想保持跟网课不断线是非常困难的。但照片中的这组同学,能够千方百计想办法与老师连线,与同学同步互动,他们不畏艰难、勤奋好学的精神感动了无数人。

疫情期间,这些孩子的学习都没有让家长操心。原因很简单,他们都"长大了"。但在漫长的延迟开学的假期里,能够坚持不断学习,就说明他们有明确的学习目标和坚强的学习动力。在这些孩子的心里,学习一定很幸福,未来一定很美好!

当然,很多孩子的学习习惯,包括专注力、意志力等,都需要从小养成。到了高年级,大多数孩子基本具备了应对学习困难的能力,保持平和的心态,家长甚至只需提供基本的物质环境和生活条件支持就可以了。

建议

在特殊的疫情防控期间，教育部中小学心理健康教育专家指导委员会针对疫情期间中小学生的居家学习生活，专门给全国广大中小学生提出了系列建议。这些适时建议，较好地缓解了广大中小学生的心理压力和焦虑情绪，为广大师生指出了富有操作性的生活、学习、运动的方法。

但是，具体到每个家庭，每个孩子，情况就不一样了。最突出的就是，家长对待孩子学习状态，会表现出的不同情绪、态度和做法。

疫情期间，孩子居家学习，多数家长，尤其是低龄儿童的家长，充当了“助教”的角色，协助老师看孩子居家上网课学习。

有些家长看到孩子听课时东张西望，或是偷偷玩游戏，就会气愤至极，甚至大发雷霆。家长的批评、指责、否定，会让孩子们心生抵触，于是孩子们开始叛逆，和你对着干，到这个时候，任何教育已经无效了。家长也别想孩子多么努力用功了。

当孩子在学习过程中碰到各种困难时，家长不要想当然地认为孩子“不努力”“不认真”，而应帮助孩子寻找解决问题的方法，给他提供支持的环境，让他有信心克服目前的困难。家长应想方设法跟孩子一起克服学习的困难，而不是一味地指责和批评。

在线学习是一把“双刃剑”。一边是网课学习，一边是抖音、快手的诱惑，孩子稍微浏览几分钟，注意力就可能转移了。因此，居家学习，形成良好的学习习惯，培养专注力是非常重要的。既然疫情特殊时期不能避免用手机，家长不妨规定使用时间，采取“共同关注”作为孩子的安全阀，避免孩子无节制、无边界地任意使用网络。

居家学习的日子，父母除了家长的身份外，还是孩子的导师、朋友、学习伙伴。孩子居家学习，满足不了孩子对伙伴的需求，他们需要有个玩伴和他一起成长，一起分享奇闻，一起探索问题。作为家长，我们要承担起孩子玩伴的角色，陪孩子共同做一件他喜欢的事情，大人不要找借口忙自己的事情，而错失孩子的成长时光。

规律

孩子的学习习惯需要从小养成，学习动力也需要持续激发。

困境和磨难，有时更能锻炼孩子的学习意志力。当然，这需要孩子本身就具有明确的学习目标、强烈的学习动机和自我控制力。而这些能力素质不是每个孩子都具备的。

家校合作，尤其是教师的及时鼓励和有针对性的帮助，将对孩子起到无形的鼓励和鞭策作用。

但是，疫情等特殊时期，家长如果不能给予很好的陪伴和协助，孩子的学习成绩，甚至学习动力，可能会大受影响。

居家学习因为缺少老师指导和同伴合作，孩子的学习效率难免会降低，对于自控力较差、容易走神的小学生来说更是一种困难。所以这段时间，如果没有家长的有效参与，只让孩子自己来面对，极有可能会进一步拉大学生之间的差距。

对于时间管理能力、自我约束能力较强的孩子来说，尽管也会产生一些困扰，但他们往往能够合理安排自己的时间，利用好有限的资源，将学习成绩再提升一步。家长的有效协助，家庭环境的放松和惬意，都有助于提高孩子的学习效率，增强其学习效果。

而对于平时依赖老师提醒、营造课堂气氛才能进入学习状态的孩子来说，要想让他们一下子进入学习状态，可能会有较大的困难。这个时候，需要父母更多的关注和帮助，为孩子设计更多感兴趣的学习内容或项目，与孩子共同探索和成长。

结　语

写到最后，忽然又想起我国台湾诗人席慕蓉的一首诗——《一棵开花树》，这是一首写给自然界的情诗。席慕蓉说："我在生命现场遇见了一棵开花的树，我在替它发声。"她说，在她看来，生命是不断的经过、经过、经过，她写的东西都是在生命现场里所得到的触动，尽管有些触动要等到一二十年后才恍然大悟。

席慕蓉在我国台湾新竹师范学院教书时，有一年 5 月，她坐火车经过苗栗的山间，火车不断从山洞间进出。当火车从一个很长的山洞出来以后，她无意间回头朝山洞后面的山地上张望，看到高高的山坡上有一棵油桐开满了白色的花。"那时候我差点叫起来，我想怎么有这样一棵树，这么慎重地把自己全部开满了花，看不到绿色的叶子，像华盖一样地站在山坡上。可是，我刚要仔细看的时候，火车一转弯，树就看不见了。"

就是这棵真实地存在于席慕蓉生命现场里的油桐，让她念念不忘。她心想，正如海是蓝给自己看一样，花当然也是慎重地开给它自己的，但是，如果没有自己那一回头的机缘，树上的花儿是不是就会纷纷凋零？

一棵开花树

席慕蓉①

如何让你遇见我
在我最美丽的时刻
为这
我已在佛前求了五百年
求佛让我们结一段尘缘
佛于是把我化作一棵树
长在你必经的路旁
阳光下
慎重地开满了花
朵朵都是我前世的盼望
当你走近
请你细听
那颤抖的叶
是我等待的热情
而当你终于无视地走过
在你身后落了一地的
朋友啊
那不是花瓣
那是我凋零的心

席慕蓉的诗是非常富有诗意的。我们也期望所有的孩子

---

① 席慕蓉,蒙古族人,1943年生,中国台湾著名诗人、散文家、画家。

能在学习中健康地成长，去追寻那美好的“诗和远方”。蓦然回首，我们也能看到那一棵棵开满花的油桐树，独特而美丽，丰满而茁壮。

曾听过这么一句话：“孩子，你什么时候开花都可以。”每个孩子都是一株花的种子，只不过每个人的花期不同。有的花，一开始就会很灿烂地绽放；有的花，需要漫长的等待。不要看着别人怒放了，自己的那棵还没动静就着急，相信是花，都有自己的花期。

细心地，呵护自己的花，慢慢地，看着长大，陪着他（她）沐浴阳光风雨，这何尝不是一种幸福。相信孩子，静等花开。也许你的种子永远不会开花，因为他是参天大树。

参考文献

[1] 黄全愈.走出家庭教育的误区[M].武汉：长江出版传媒，长江文艺出版社，2017.

[2] 约翰·霍尔特.学习像呼吸一样自然[M].李颂，译.北京：电子工业出版社，2005.

[3] 怀特海.教育的目的[M].庄莲平，王立中，译注.上海：文汇出版社，2012.

[4] 约翰·杜威.民主主义与教育[M].陶志琼，译.北京：中国轻工业出版社，2017.

[5] 阿图尔·叔本华.人生的智慧：如何才能幸福度过一生[M].木云，林求是，译.长沙：湖南人民出版社，2015.

[6] 朱迪斯·哈里斯.教养的迷思[M].张庆宗，译.上海：上海译文出版社，2015.

[7] 爱德华·德·博诺.教你的孩子如何思考[M].冯杨，译.太原：山西人民出版社，2008.

[8] 马克斯·范梅南.教学机智——教育智慧的意蕴[M].李树英，译.北京：教育科学出版社，2001.

[9] 马克斯·范梅南.教育的情调[M].李树英，译.北京：教育科学出版社，2019.

[10] 阿尔弗雷德·阿德勒.儿童的人格形成及其培养[M].韦启昌，译.北京：北京大学出版社，2014.

[11] 蒙台梭利.蒙台梭利文集(第三卷)[M].田时纲，译.北京：人民出版社，2014.

[12] 威特，等.卡尔·威特的教育[M].郭凤英，译.杭州：浙江教育出版社，2016.

[13] 斋藤孝.学会学习：从认知自我到高效学习[M].张祎诺，译.南昌：江西人民出版社，2016.

[14] 本尼迪克特·凯里.如何学习[M].玉冰，译.杭州：浙江人民出版

社，2017.
[15] 斯科特·扬.如何高效学习[M].北京：机械工业出版社，2014.
[16] 佐藤学.学习的快乐——走向对话[M].北京：教育科学出版社，2004.
[17] 苏珊·施蒂费尔曼.陪伴式成长，和孩子一起成为最好的自己[M].于娟娟，译.厦门：海峡出版发行集团，鹭江出版社，2016.
[18] 李敏.游戏与学习——以游戏提升学生的生活质量[M].北京：教育科学出版社，2010.
[19] 陶行知.行知书信集[M].合肥：安徽教育出版社，1983.
[20] 赵汇峰.你在为谁读书：哈佛大学给青少年的人生规划课[M].北京：时代出版传媒股份有限公司，北京时代华文书局，2015.
[21] 蔡元培.中国人的教养[M].周瑶，译.成都：四川出版集团，天地出版社，2012.
[22] 肖卫.为你自己读书[M].北京：中国华侨出版社，2007.
[23] 陈鹤琴.家庭教育与父母教育[M].上海：上海人民出版社，2016.
[24] 联合国教科文组织.教育——财富蕴藏其中[M].北京：教育科学出版社，1996.
[25] 洪兰.自主学习，决定未来[M].北京：光明日报出版社，2017.

后　记

家庭是孩子来到这个世界之后开始人生之旅的第一场所，父母是孩子的第一任启蒙老师。在孩子最早打量世界、认识世界的时候，他们接触最多的人是父母，最先被孩子无条件认定的、最亲近的人还是父母。父母的一言一行、一举一止，都体现着他们的生活方式和人生态度。因此，作为家长必须时时处处以身作则，给孩子树立起良好的榜样。“智慧父母成长课堂”丛书就是基于此种主旨的探索，将理论与实证分析相结合，给家庭教育提供一些有益的启示和帮助。

期待通过本丛书的出版，能够帮助广大读者建立这样的家庭教育理念：家长对孩子的身体发育、心理发育、智力开发以及孩子各方面能力的培养肩负着无可替代的重要职责，既要教会孩子怎样学会知识，又要教会孩子怎样做人；家庭教育对孩子行为习惯的养成、学习态度的奠基、世界观和人生观的确立都有着重大的促进作用；每个孩子的成长，既要依靠学校教育的培育、社会教育的规范来完成，更需要家庭环境的滋养、家长教育的点亮来完善。

本丛书的顺利出版，首先要感谢上海开放大学副校长王伯军。王校长作为本丛书的总策划，确立了丛书的选题、结构框架、总体方向和表达风格。其次要感谢上海开放大学非学历教育部部长王松华和副部长姚爱芳，他们自始至终参与了丛书的策划和定稿，为丛书的顺利完成时时助力。

本丛书能够如期付梓，还要感谢几位作者，他们在丛书编委会的指导下度过了两年携手同行的编写时光。作为一线教师，在繁忙的教学和科研之中，他们对家庭教育满怀热情，以大胆执着的探索精神、扎实严谨的科学态度，在广泛调研的基础上，潜心写作，笔耕不辍，高效完成了本丛书的写作。在此，向他们表示由衷的敬佩和感谢！

本丛书的圆满出版，更要感谢清华大学出版社编辑团队，他们为丛书的设计和出版付出了辛勤劳动和专业智慧。同时，还要感谢上海开放大学人文学院艺术系的郭大伟老师，为丛书设计了精美的插画。

本丛书从制订撰写方案到完稿虽然有两年时间，但限于作者在这一新领域的撰写经验有限，丛书难免有疏漏或不当之处，敬请读者批评、指正。

最后，衷心祝愿天下所有父母和孩子生活圆满，幸福安康！

“智慧父母成长课堂”丛书主编　杨敏